Stratégies pour écrire

un texte d'opinion

Martine Cavanagh

Chenelière
Éducation

Stratégies pour écrire un texte d'opinion

Martine Cavanagh

© 2005 Les Éditions de la Chenelière inc.

Éditrice : Lise Tremblay
Coordination : Monique Pratte
Révision linguistique : Bérengère Roudil
Correction d'épreuves : Caroline Bouffard
Illustrations : Jocelyne Bouchard et Fenêtre sur cour
  et ses concédants
Conception graphique et infographie : Fenêtre sur cour
Couverture : Michel Bérard

**Catalogage avant publication
de Bibliothèque et Archives Canada**

Cavanagh, Martine, 1959-

    Stratégies pour écrire : un texte d'opinion

    Comprend des réf. bibliogr.

    ISBN 2-7651-0246-5

    1. Français (Langue) – Composition et exercices – Étude et enseignement (Primaire). 2. Français (Langue) – Composition et exercices – Étude et enseignement (Secondaire) – 3. Composition (Exercice littéraire) – Étude et enseignement (Primaire). 4. Composition (Exercice littéraire) – Étude et enseignement (Secondaire). I. Titre.

LB1577.F7C38 2004   372.62'3044   C2004-941158-6

**Chenelière
Éducation**

7001, boul. Saint-Laurent
Montréal (Québec)
Canada H2S 3E3
Téléphone : (514) 273-1066
Télécopieur : (514) 276-0324
info@cheneliere-education.ca

ISBN 2-7651-0246-5

Dépôt légal : 1er trimestre 2005
Bibliothèque nationale du Québec
Bibliothèque nationale du Canada

Imprimé au Canada

1 2 3 4 5 IQL 08 07 06 05 04

Nous reconnaissons l'aide financière du gouvernement du Canada par l'entremise du Programme d'aide au développement de l'industrie de l'édition (PADIÉ) pour nos activités d'édition.

Gouvernement du Québec — Programme de crédit d'impôt pour l'édition de livres — Gestion SODEC

L'Éditeur a fait tout ce qui était en son pouvoir pour retrouver les copyrights. On peut lui signaler tout renseignement menant à la correction d'erreurs ou d'omissions.

DANGER

LE
PHOTOCOPILLAGE
TUE LE LIVRE

TABLE DES MATIÈRES

REMERCIEMENTS

Je tiens d'abord à remercier l'enseignante de la Commission scolaire de la Région-de-Sherbrooke qui a expérimenté ce programme dans sa classe. Son sens de la pédagogie et ses conseils pratiques ont grandement contribué à sa mise en œuvre efficace.

Je remercie également Jacques Tardif et Jacynthe Turgeon qui ont consacré temps et énergie à la direction de mon doctorat. La base théorique du programme provient de cette recherche doctorale. Un grand merci à Clémence Préfontaine qui m'a fortement encouragée à publier ce programme.

J'aimerais aussi souligner la contribution de ma fille, Claire Cavanagh, et celle de Jocelyne Verret en tant qu'auteures des textes de mises en situation.

Enfin, je remercie tout particulièrement mon mari, Gerard Cavanagh, pour son soutien indéfectible.

INTRODUCTION

Le programme que nous vous proposons dans cet ouvrage vise à développer la compétence scripturale des élèves de la fin du primaire et du début du secondaire en s'attachant à l'écriture du texte d'opinion. Nous l'avons conçu et avons organisé ses composantes en nous appuyant sur des recherches en psychologie cognitive traitant de l'apprentissage durable et transférable, et de la différence entre la démarche d'écriture des scripteurs novices et celle des rédacteurs experts. Il s'adresse à la fois aux élèves forts et aux élèves faibles, et les amène à écrire des textes plus cohérents grâce à des stratégies efficaces. Nous l'avons expérimenté en classe et avons observé des progrès notables se maintenant à long terme.

Dans cette introduction, nous vous présentons d'abord la structure du programme (phases, étapes, leçons) et nous accompagnons nos explications d'un tableau-résumé. Cela vous donne une idée du contenu et de l'organisation du livre.

Ensuite, nous exposons les cinq principes de base sur lesquels repose le programme. Enfin, nous vous donnons quelques conseils pratiques et vous expliquons quelques tâches préparatoires.

■ LA STRUCTURE DU PROGRAMME

Nous avons divisé le programme en trois grandes phases d'enseignement stratégique : la préparation, la réalisation et l'intégration des apprentissages. Ces phases se subdivisent en étapes qui comprennent elles-mêmes des leçons. Au final, cela donne une séquence pédagogique de 23 leçons.

LA PHASE DE PRÉPARATION (ÉTAPE A, LEÇON 1)

L'élève ne peut construire des connaissances que s'il s'engage dans son apprentissage et s'il peut relier les nouvelles connaissances à celles qu'il possède déjà. Cette première phase, qui vise à susciter la motivation des élèves et à les faire mobiliser leurs acquis, est donc d'une grande importance.

Pour susciter la motivation, l'enseignant présente clairement l'objet d'apprentissage aux élèves et leur montre ce que cela peut leur apporter dans leur vie de tous les jours de bien savoir argumenter. Il leur propose aussi un projet de publication de leurs meilleurs textes.

Après avoir intéressé les élèves à l'objet d'apprentissage, l'enseignant les aide à activer les connaissances qu'ils ont déjà et dont ils ont besoin en la matière. Pour cela, il les invite à comparer les textes qu'ils ont rédigés au préalable (voir plus loin la section « Avant de commencer... ») afin d'en relever les caractéristiques communes et les différences, et de trouver les éléments manquants. L'échange permet aux élèves de prendre conscience de leurs connaissances, qui leur serviront de point de départ pour en acquérir de nouvelles, mais aussi de leurs limites.

Tableau synthèse de la démarche d'apprentissage

Phases	Étapes			Leçons
Préparation des apprentissages	**A** Motivation, activation des connaissances antérieures, anticipation de situations de transfert			**1** Présentation du projet de publication, confrontation des textes issus du test diagnostique, bilan des connaissances existantes
Réalisation des apprentissages « encodage »	**B** Construction de connaissances sur le *produit fini*	a) Sur la *nature* du texte d'opinion		**2** Justification visant à persuader le destinataire
				3 Importance de la pluralité des raisons
		b) Sur la *structure* du texte d'opinion		**4** Schéma textuel, connecteurs superstructuraux (étude d'un exemple)
				5 Renforcement (analyse d'un contre-exemple)
	C Construction de connaissances sur la *démarche de production* du texte d'opinion. Méthode du **modelage** (des stratégies) et de la **pratique guidée** **Premier projet de texte**	Planification[1]		**6** Stratégie d'analyse de la situation de communication
				7 Stratégie de recherche d'idées
				8 Stratégie de recherche et de hiérarchisation d'idées pour les paragraphes du développement
				9 Stratégie de hiérarchisation pour l'ensemble du texte
		Rédaction		**10** Stratégies pour développer une raison
				11 Stratégie pour commencer à enchaîner les idées dans les paragraphes du développement
				12 Stratégie pour rédiger le texte au complet
		Révision		**13** *Révision / récriture* d'un paragraphe du développement
				14 Stratégie pour vérifier la continuité thématique dans un paragraphe du développement
Intégration des apprentissages « recontextualisation »	**D** Pratique coopérative **Deuxième projet de texte**			**15 et 16** *Planification* coopérative
				17 *Rédaction* coopérative au début et individuelle par la suite
				18 *Révision / récriture* d'un paragraphe du développement à la suite de la rétroaction de l'enseignant
	E Pratique autonome 1 avec activités décontextualisées **Troisième projet de texte**			**19** *Planification* individuelle
				20 *Rédaction* avec une activité décontextualisée portant sur l'explicitation et l'enchaînement des idées
				21 *Révision / récriture* du texte à la suite de la rétroaction d'un pair
	F Pratique autonome 2 avec activités décontextualisées **Quatrième projet de texte**			**22** *Planification* individuelle
				23 *Rédaction* et *révision* individuelles avec une activité décontextualisée portant sur le choix des raisons, sur la continuité thématique et sur l'enchaînement des idées

---

1. Le terme « planification » utilisé dans cet ouvrage diffère du concept de l'élaboration du plan, car il désigne non pas la seule production d'un document, mais plutôt un ensemble d'opérations cognitives (la recherche, la sélection, la catégorisation, la mise en relation et la hiérarchisation d'idées) menées en lien étroit avec l'analyse de la situation de communication.

LA PHASE DE RÉALISATION (ÉTAPES B ET C, LEÇONS 2 À 14)

Cette deuxième phase d'apprentissage, qui est la plus longue, consiste en l'acquisition graduelle et conjointe des différentes connaissances nécessaires à la production d'un texte d'opinion cohérent. Ces connaissances portent sur les situations de communication concernées, sur la nature et la structure de ce type de texte ainsi que sur la démarche scripturale permettant sa production.

Construction de connaissances sur le produit fini (étape B, leçons 2 à 5)

Pour pouvoir apprendre la démarche d'écriture, les élèves doivent avoir en tête une représentation précise du produit fini attendu. C'est pourquoi les premières tâches qu'on leur propose les font travailler sur la nature et la structure du texte d'opinion.

La nature du texte d'opinion (étape Ba, leçons 2 et 3)

Pour comprendre la nature du texte d'opinion, les élèves doivent saisir que le but de ce type de texte est de convaincre un destinataire, de le faire adhérer à la prise de position de l'auteur. Ils doivent se rendre compte que l'atteinte de ce but dépend à la fois de la capacité du scripteur à exposer clairement son point de vue et de sa capacité à le justifier en présentant plusieurs raisons pertinentes et en s'appuyant sur des détails appropriés. Des activités de comparaison de textes et d'association de textes à leurs situations de communication respectives leur permettent d'arriver à cette prise de conscience de l'importance de la justification dans un texte de nature argumentative.

La structure du texte d'opinion (étape Bb, leçons 4 et 5)

La structure du texte d'opinion est liée en grande partie à la façon typique dont les idées sont exposées. Pour amener les élèves à **se construire** activement des connaissances structurales, l'enseignant les guide dans l'analyse critique d'un exemple et d'un contre-exemple à l'aide d'une schématisation hiérarchique.

L'analyse d'un contre-exemple permet de renforcer et de nuancer les connaissances **construites** sur la structure du texte d'opinion. Elle permet en effet de faire ressortir les lacunes structurales (par exemple, une raison annoncée dans l'introduction qui n'est pas reprise et développée dans un paragraphe du développement) ou les éléments non pertinents.

Construction de connaissances sur la démarche rédactionnelle (étape C, leçons 6 à 14)

Lorsque les élèves ont en tête une représentation du but visé et des caractéristiques du texte à produire, ils sont prêts à apprendre la démarche de rédaction. Pour cela, ils vont, au cours des prochaines leçons, se construire un répertoire de stratégies propres à la production d'un texte d'opinion.

Plus précisément, les élèves vont progressivement s'approprier cinq stratégies d'élaboration d'un plan, trois stratégies de rédaction et une stratégie de révision. La stratégie centrale est, rappelons-le, la schématisation hiérarchique du texte telle que nous l'avons décrite plus haut, en autant que les autres stratégies lui soient associées par imbrication ou par complémentarité.

Pour ce qui est des stratégies de planification, les élèves apprennent à utiliser une stratégie d'analyse de la situation de communication, une stratégie de génération d'idées à partir des objections éventuelles du destinataire et une stratégie de développement des détails à partir des raisons. Ces stratégies sont suivies d'une stratégie de sélection des idées et d'une stratégie d'organisation hiérarchique des idées.

Les élèves s'approprient également trois stratégies de rédaction. La première leur apprend à développer l'idée principale d'un paragraphe en recourant aux procédés de l'explication, de la concession et de l'exemplification. La seconde leur apprend à expliciter les rapports logiques qui relient deux idées en utilisant les mots de liaison appropriés. Quant à la troisième, elle les amène à s'appuyer sur leur plan pour rédiger. Enfin, du côté de la révision, les élèves apprennent à utiliser une stratégie de relecture leur permettant de vérifier si, à l'intérieur des paragraphes du développement, ils n'ont pas dévié de l'idée principale annoncée.

Dans cette phase, deux méthodes permettent aux élèves d'apprendre et de s'approprier ces stratégies. D'abord, l'enseignant planifie un texte d'opinion, et rédige et révise le texte devant les élèves en décrivant les stratégies utilisées. C'est le modelage. L'enseignant exprime alors à voix haute ses pensées pour que les élèves suivent sa réflexion et comprennent le raisonnement nécessaire à la production d'un bon texte d'opinion. Rapidement, il fait réagir et dialoguer les élèves pour favoriser chez eux le dialogue intérieur. Après avoir observé l'enseignant à l'œuvre, les élèves exploitent les stratégies modelées en produisant leur propre texte. Durant cette pratique guidée, l'enseignant les incite à verbaliser leur démarche et leur fournit une rétroaction pertinente. Concrètement, pour chaque stratégie, on a une période de modelage puis une période de pratique guidée.

La phase d'intégration (étapes D à F, leçons 15 à 23)

Produire un seul texte ne permet pas aux élèves d'acquérir des automatismes et d'être assez à l'aise pour ensuite transférer les nouvelles connaissances. C'est pourquoi le programme comprend une troisième phase durant laquelle ils ont l'occasion d'écrire trois autres textes d'opinion sur un thème différent et pour un destinataire nouveau.

Lors de la production de ces textes, les élèves sont amenés à utiliser leurs nouvelles connaissances dans de nouveaux contextes, en effectuant les adaptations nécessaires. Ils peaufinent leurs connaissances en travaillant les éléments qui leur posent problème lors d'activités de décontextualisation. Par exemple, s'ils éprouvent de la difficulté à enchaîner leurs idées à l'intérieur des paragraphes, l'enseignant peut interrompre la rédaction du texte en cours en proposant une activité « décontextualisée » sur le thème. Il peut les guider dans l'observation de plusieurs exemples, afin de leur faire prendre conscience des différents moyens dont ils disposent pour passer d'une phrase à l'autre. Cela aide les élèves à régler les problèmes qu'ils éprouvent dans la rédaction de leur texte.

Dans cette phase, trois méthodes progressives permettent aux élèves d'intégrer les différentes stratégies et d'acquérir une autonomie dans la rédaction d'un texte d'opinion. Tout d'abord, la pratique coopérative leur fournit l'aide d'un partenaire et le soutien des feuilles de stratégies pour la planification de leur deuxième texte et la révision. Ensuite, la première pratique autonome leur fournit l'aide d'un partenaire au moment de la **révision** seulement, pour leur troisième texte. Cela leur permet de détecter les faiblesses de leur texte. Enfin, la deuxième pratique autonome encourage leur indépendance en leur retirant le soutien du partenaire et en leur suggérant de mettre de côté les feuilles de stratégies, pour leur quatrième texte.

■ LES LEÇONS

Nous avons voulu les 23 leçons de cet ouvrage très pratiques. Nous les avons toutes structurées de la même façon, ce qui permet une compréhension rapide du contenu exposé. De plus, nous indiquons chaque fois le matériel nécessaire, notamment les diverses fiches qui constituent de précieux outils. Enfin, nous donnons des directives précises. Tout cela facilite la réalisation des activités proposées.

UNE STRUCTURE FACILE À SUIVRE

Chaque leçon se divise en cinq grandes parties. La première partie présente la leçon en donnant la durée approximative, la nature de la tâche à faire accomplir aux élèves, les apprentissages visés et les modalités du travail en équipes. La deuxième partie, intitulée «Matériel», donne la liste du matériel dont vous aurez besoin. La troisième partie, intitulée «Préparation», donne des indications sur la manière de procéder pour activer les connaissances des élèves et présenter à la classe les apprentissages visés. La quatrième partie, qui correspond au «Déroulement» de la leçon, comprend une série de directives précises pour les diverses activités prévues. Enfin, la cinquième partie, consacrée à la «Conclusion» de la leçon, vous donne des pistes concrètes pour amener vos élèves à transférer leurs connaissances ou pour vérifier leur compréhension des notions présentées.

■ LES FICHES REPRODUCTIBLES

Vous trouverez en annexe des fiches reproductibles qui permettent de réaliser les activités proposées dans le déroulement de la leçon. Ces fiches représentent une variété d'outils. Elles comprennent :

■ des exemples de textes à analyser ;

■ des contre-exemples de textes à critiquer ;

■ neuf stratégies pour la planification, la rédaction et la révision ;

■ de nombreuses activités de manipulation (schémas, casse-tête et paragraphes-puzzles à reconstituer, schémas à remplir, etc.) ;

■ une liste de mots de liaison pour enchaîner les idées ;

■ une liste d'expressions utiles pour donner son opinion ;

■ une liste de signes de révision ;

■ des exemples de situations de communication ;

■ des fiches d'évaluation formative et sommative ;

■ des corrigés.

■ LES CINQ PRINCIPES DE BASE DU PROGRAMME

La série d'activités que propose ce programme se fondent sur cinq grands principes de l'apprentissage durable et transférable.

1. **L'élève doit pouvoir se construire les réseaux de connaissances déclaratives, procédurales et conditionnelles nécessaires à la production de textes d'opinion cohérents.** Pour écrire un texte d'opinion (ou n'importe quel autre type de texte), l'élève doit posséder un ensemble de connaissances dites «de bas niveau» portant sur la grammaire de la phrase (orthographe d'usage, orthographe grammaticale, syntaxe, etc.) et des connaissances dites «de haut niveau» portant sur la grammaire du texte (structure textuelle, règles de cohérence textuelle, etc.). Les activités proposées dans cet ouvrage font essentiellement travailler ce deuxième type de connaissances. Cependant, à elles seules, ces connaissances théoriques ou «déclaratives» ne suffisent pas à produire de façon efficace un texte cohérent. En effet, le scripteur doit savoir en faire un usage adéquat. Il a besoin de stratégies d'écriture, de connaissances «procédurales». Il lui faut aussi savoir reconnaître le contexte dans lequel il doit utiliser les connaissances théoriques et les stratégies. Il a besoin de connaissances «conditionnelles».

2. **Pour construire ses réseaux de connaissances, l'élève doit participer activement à des tâches complexes de type «résolution de problème».** Une tâche complexe est une tâche qui crée chez l'élève un conflit cognitif dont la résolution n'est pas évidente. Elle exige de l'élève qu'il recoure à des opérations intellectuelles supérieures et qu'il s'appuie sur une variété de connaissances.

3. **Pour effectuer un travail complexe qui soit à sa portée et pour être incité à le faire, l'élève doit bénéficier d'un soutien appelé «échafaudage».** Ce programme exploite quatre sortes d'échafaudages en interaction les uns avec les autres. Les éléments répétés comme la similitude entre les situations de communication présentées et le vocabulaire de circonstance proposé pour décrire l'organisation d'un texte constituent des échafaudages «de contenu». La gradation dans la complexité des tâches à effectuer est un exemple d'échafaudage «de tâche». La représentation graphique des stratégies rédactionnelles sur des feuilles aide-mémoire reproductibles (voir en annexe) devenant des outils de travail est un échafaudage «matériel». Enfin, le modelage par l'enseignant des stratégies et le travail par équipes pour la planification et la révision sont des échafaudages «sociaux». Parmi les soutiens fournis à l'élève, la schématisation hiérarchique de la structure du texte d'opinion (échafaudage «matériel») occupe une place centrale dans le programme, car elle sert de **support à l'ensemble des apprentissages.**

4. **Pour intégrer les nouvelles connaissances et être capable de les transférer, l'élève doit bénéficier de moments de recontextualisation.** Ces moments de recontextualisation sont des moments où on demande à l'élève d'utiliser les nouvelles connaissances dans de nouveaux contextes. Ainsi, le programme propose des tâches successives exigeant de l'élève qu'il réinvestisse ses connaissances. De plus, il demande à l'élève de planifier, de rédiger et de réviser plusieurs textes d'opinion dans différentes situations de communication.

5. **Dans les moments de recontextualisation où l'élève affronte la complexité de la tâche globale doivent s'insérer des temps de décontextualisation.** Ces temps de décontextualisation sont des temps de structuration qui visent à systématiser, en dehors du contexte de la tâche complexe d'écriture, certaines connaissances partielles posant problème à l'élève. Ces connaissances peuvent relever de la grammaire du texte et de la phrase ou de la démarche rédactionnelle. Ainsi, le programme propose des activités décontextualisées portant sur l'opération exigeante de l'enchaînement des idées dans des phrases successives.

■ QUELQUES CONSIDÉRATIONS PRATIQUES ET PÉDAGOGIQUES

L'expérience nous a permis de mettre en évidence cinq facteurs qui favorisent la réussite de ce programme.

1. **Des situations d'écriture adaptées.** Nous avons conçu ce programme dans un contexte bien précis qui n'est pas celui de tous les enseignants. Ainsi, bien que les situations d'écriture proposées visent la prise en compte d'un destinataire authentique (si importante dans la production d'un texte d'opinion), elles ne conviendront pas forcément à tous.

   C'est pourquoi, nous vous recommandons de changer ou d'adapter les situations de communication proposées afin qu'elles rejoignent la réalité de vos élèves.

2. **Un temps suffisant.** Vu la nature «résolution de problème» des activités proposées, les élèves ont besoin de suffisamment de temps pour réfléchir individuellement et échanger entre eux en accomplissant les tâches.

   Il est donc important de prévoir un temps adéquat pour chaque leçon.

   Lors de l'expérimentation du programme, nous avons échelonné les leçons sur une période de huit semaines, à raison de trois heures par semaine. Si vous estimez que vous ne disposez pas de tout ce temps pour l'enseignement de l'écrit, vous pouvez très bien intégrer la troisième phase d'apprentissage, durant laquelle les élèves rédigent des textes complets sur des thèmes différents, à d'autres matières scolaires telles que les sciences sociales.

3. **Une rétroaction formative constante et fréquente.** Comme le programme met l'accent sur la construction des réseaux de connaissances, les élèves feront davantage de progrès et seront grandement motivés s'ils savent à tout moment où ils en sont dans leur processus d'apprentissage. De plus, la rétroaction permet à l'enseignant de suivre le cheminement des élèves et de connaître les difficultés qu'ils rencontrent.

   C'est pourquoi nous vous recommandons de vérifier régulièrement des aspects spécifiques (afin de ne pas être surchargé) du travail des élèves, et de fournir aux élèves une rétroaction pertinente.

4. **Un questionnement catalyseur.** Pour que les élèves soient intellectuellement actifs, l'enseignant doit éviter de résoudre les problèmes proposés à leur place en leur fournissant les réponses.

   C'est pourquoi nous vous recommandons de multiplier et de varier les questions posées, d'écouter attentivement les réponses de vos élèves et de poser d'autres questions à partir de ces réponses, afin d'amener vos élèves à préciser leur pensée.

5. **Une utilisation appropriée des corrigés.** Étant donné la participation active attendue des élèves, les corrigés que nous proposons dans cet ouvrage ne sont que des suggestions et ne doivent pas se substituer à leurs réponses authentiques.

C'est pourquoi nous vous recommandons de vous inspirer seulement des corrigés pour préparer les discussions en classe et de ne pas imposer leurs détails comme les seules « réponses correctes ».

■ AVANT DE COMMENCER...

Avant de commencer les leçons du programme, il vous faudra effectuer un test diagnostique, préparer avec les élèves leur dossier d'écriture personnel et penser à un projet de publication. Vous ferez rédiger à vos élèves, avant même de commencer le programme, un premier texte d'opinion qui constituera un point de départ. Les écrits obtenus vous permettront en effet de faire un bilan des connaissances de vos élèves et de repérer les problèmes éventuels. Il faudra donc prévoir un moment pour la rédaction de ce premier texte d'opinion. Une fois les textes produits, nous vous invitons à en choisir deux qui possèdent quelques ressemblances et quelques différences du point de vue de leur structure textuelle. Vous aurez besoin de ces deux textes au moment de la première leçon pour animer une activité de comparaison. Voici comment procéder.

Tout d'abord, transcrivez sur une feuille deux des trois situations de communication suivantes ou d'autres situations de votre choix, et faites-en une photocopie par élève.

De l'argent de poche

Bien que tes parents te donnent tout ce dont tu as besoin, tu aimerais beaucoup recevoir de l'argent de poche pour avoir plus de liberté. Quand tu en fais la demande, tes parents te répondent que ce n'est pas nécessaire. Persuade-les par écrit d'accepter ta suggestion.

Un animal domestique

Tu as toujours rêvé d'avoir un animal domestique, plus particulièrement un chat ou un chien. Tes parents, qui sont très occupés, n'en veulent pas. Persuade-les par écrit d'accepter ta suggestion.

Un abonnement à Internet

Un jour, ton père ou ta mère t'annonce qu'il ou elle va mettre fin à l'abonnement à Internet parce qu'il n'est pas assez utilisé. Tu es très déçu(e) par cette décision. Tu décides donc d'écrire une lettre à ton père ou à ta mère pour le ou la convaincre de poursuivre l'abonnement.

Ensuite, préparez trois feuilles : l'une intitulée « Mon plan » ; la deuxième intitulée « Mon brouillon » et la troisième intitulée « Mon texte ». Faites-en des photocopies pour chaque élève.

Après avoir distribué aux élèves les quatre feuilles que vous avez préparées, expliquez-leur la tâche d'écriture et laissez-leur le temps nécessaire pour rédiger un texte d'une longueur de une à deux pages.

FABRICATION D'UN DOSSIER D'ÉCRITURE PERSONNEL

Pour susciter la motivation de vos élèves et leur permettre d'évaluer leurs progrès en comparant leurs textes, nous vous suggérons de leur faire fabriquer un dossier d'écriture dans lequel ils rangeront leurs brouillons, leurs feuilles aide-mémoire et les versions finales de leurs textes. Voici comment procéder.

Il suffit de plier du papier cartonné de façon à obtenir un dossier constitué de trois pochettes. Pour cela, découpez un rectangle de 69 cm de large par 48 cm de haut en prévoyant une largeur supplémentaire de 1 cm sur 18 cm à partir du bas pour créer des rabats. Sur la largeur, sans tenir compte des rabats, tracez deux lignes verticales au centre du rectangle, à 23 cm de distance l'une de l'autre. Pliez le papier sur ces deux lignes. Ensuite, pliez le papier vers le haut à 18 cm à partir du bas du rectangle. Repliez enfin les rabats vers l'arrière en y mettant un peu de colle pour bien fermer les côtés de la pochette.

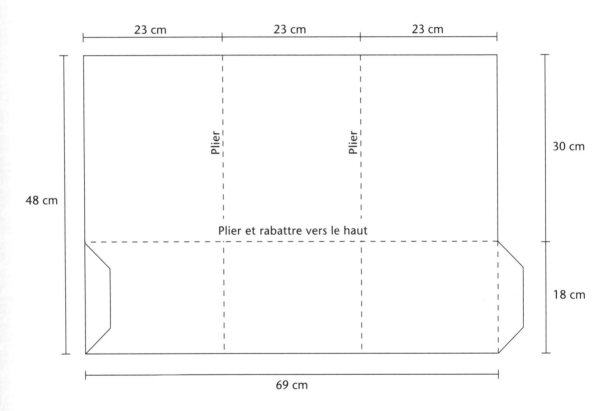

Sur la page couverture, l'élève peut écrire « Mon dossier d'écriture » ainsi que son nom et le nom de son école. À l'intérieur du dossier, sur la pochette de gauche, il peut coller une étiquette portant la mention « Mes feuilles de stratégies » ; sur la pochette du milieu, une étiquette indiquant « Mes brouillons » et sur la pochette de droite, une étiquette indiquant « Les versions finales de mes textes ». Chaque élève peut décorer son dossier à sa façon pour le personnaliser. Enfin, à l'extérieur de la pochette de droite, faites écrire à vos élèves les critères d'évaluation pour qu'ils puissent s'autoévaluer.

■ Réflexion sur un projet de publication

Cela motive grandement les élèves de savoir que leurs écrits seront lus par un véritable public. C'est pourquoi, nous vous suggérons de penser à un projet de publication. Par exemple, les élèves pourraient sélectionner les meilleurs textes de la classe pour fabriquer un recueil qui serait exposé à la bibliothèque de l'école. Les élèves pourraient aussi fabriquer une revue de classe, ou encore proposer leurs textes au journal de l'école ou à un site Internet. Ils pourraient enfin écrire leurs textes sous forme de lettres qu'ils enverraient à des organismes communautaires ou à des personnages politiques ou à d'autres personnalités.

Nous espérons que ce programme vous aidera à guider vos élèves dans l'apprentissage de la rédaction.

Bonne chance !

Leçon 1 Le bilan des connaissances

Cette première leçon vise à faire avec les élèves un bilan de leurs connaissances concernant la production d'un texte d'opinion. Comme nous l'avons expliqué dans l'introduction, vous devez avoir au préalable réservé un moment pour la rédaction d'un texte de ce genre à partir d'une situation de communication donnée.

> **Durée approximative :** 50 minutes
>
> **Tâche :** Analyse des textes écrits lors du test diagnostique
>
> **Apprentissages visés :** Commencer à se faire une représentation des caractéristiques du texte d'opinion et comprendre son utilité dans divers contextes scolaires et extrascolaires
>
> **Équipes :** Groupes hétérogènes (élèves forts, moyens et faibles) de 4 ou 5 élèves que vous aurez formés à l'avance

Matériel

- Un rétroprojecteur
- Une grande affiche et un feutre
- Pour tous les élèves, une photocopie des deux textes du test diagnostique sélectionnés
- Pour chaque élève, une photocopie de son test diagnostique
- Pour chaque équipe :
  - un feutre à encre effaçable
  - un transparent de la fiche 1.1 *Comparons nos textes d'opinion !*
- Pour l'enseignant, un transparent de la fiche 1.1 *Comparons nos textes d'opinion !*

Préparation

Activation des connaissances

Demandez aux élèves de penser à des situations à l'école ou à l'extérieur de l'école dans lesquelles ils arrivent à être convaincants au point de faire changer quelqu'un d'avis. Demandez-leur aussi d'expliquer leur méthode. Que faut-il dire ? Qu'est-ce qu'il ne faut pas dire ? Qu'est-ce qui marche bien ? Pourquoi ? Mettez bien l'accent sur les moyens plutôt que sur le résultat.

Présentation des apprentissages visés

Annoncez aux élèves qu'au cours des prochaines semaines, ils vont apprendre des stratégies pour écrire un texte exprimant leur opinion de façon convaincante, mais que dans la présente leçon, ils vont prendre conscience de ce qu'ils savent déjà sur ce type de texte.

Première partie : Confrontation collective, dirigée par l'enseignant, des textes écrits lors du prétest

■ Dites aux élèves qu'ils doivent comparer deux textes afin de déterminer les points communs, les différences et les éléments manquants.

■ Distribuez à tous des photocopies des deux textes du prétest que vous avez sélectionnés.

■ Montrez aux élèves ce qu'ils doivent faire en relevant une première ressemblance et une première différence entre les deux textes et en les inscrivant sur le transparent de la fiche 1.1.

■ Invitez toute la classe à continuer. Notez les réponses sur le transparent.

■ À la fin de l'activité, demandez aux élèves de vous dire ce qu'il manque aux deux textes pour qu'ils soient plus convaincants. Notez leurs idées sur le transparent pour compléter l'analyse.

Deuxième partie : Confrontation par équipe des textes écrits lors du prétest

■ Remettez à chaque élève la photocopie du texte qu'il a écrit lors du prétest.

■ Invitez les élèves à former leurs équipes.

■ Distribuez à chaque équipe le transparent de la fiche 1.1 ainsi qu'un feutre à encre effaçable.

■ Attribuez à chaque élève un rôle spécifique au sein de son groupe. Nous vous suggérons les rôles ci-dessous.

Rôle	Tâche
Gardien de la consigne	Veille à ce que l'équipe reste dans le sujet.
Motivateur	Encourage et félicite les membres de son équipe.
Secrétaire	Note les idées de l'équipe sur le transparent.
Gardien du temps	Surveille le temps qui reste.
Porte-parole	Parle au nom de son équipe.

■ Dites aux élèves qu'ils doivent comparer leurs textes respectifs pour noter les ressemblances, les différences et les éléments manquants. Au fur et à mesure de la discussion, ils doivent noter leurs idées sur le transparent de la fiche 1.1. Précisez le temps imparti pour la discussion.

■ Lorsque le temps imparti prend fin, demandez à chaque porte-parole de venir à l'avant faire un bref compte rendu du travail de son équipe à l'aide du transparent.

Bilan

Pendant que les porte-parole s'expriment, notez l'essentiel de leurs remarques sur l'affiche prévue à cet effet, afin d'obtenir un document de référence que vous apposerez sur un mur de la classe.

■ Pour aider les élèves à transférer, à réutiliser leurs connaissances, demandez-leur de répertorier différents contextes dans lesquels ils pourraient être amenés à écrire un texte d'opinion, que ce soit à l'école (dans une autre matière par exemple) ou en dehors de l'école.

■ Annoncez aux élèves qu'au prochain cours, ils apprendront quels sont les ingrédients essentiels d'un bon texte d'opinion.

Leçon 2 Les types de texte

Durée approximative : 50 minutes

Tâche : Comparaison de différents types de textes

Apprentissages visés :

■ Comprendre ce qu'est un texte d'opinion en :

– distinguant ce type de texte d'un texte descriptif et d'un texte narratif du point de vue de l'intention de communication

– réalisant que l'argumentation de l'auteur en fonction du destinataire est un ingrédient essentiel du texte d'opinion

■ Apprendre du vocabulaire lié au texte d'opinion pour pouvoir parler de ce type de texte

Équipes : Groupes de 2 élèves

■ Un rétroprojecteur

■ Pour tous les élèves, une photocopie des fiches suivantes[1] :

– 2.1 : *Trois situations de communication pour trois types de textes*

– 2.2 : *Les Yeux*

– 2.3 : *La peur*

– 2.4 : *Pour se mettre dans l'ambiance de la peur*

– 2.5a : *Nouvelle situation de communication*

– 2.6a : *Discours de Stéphane*

– 2.7a : *Discours de Patrick*

– 2.8a : *Discours de Mélanie*

ou

– 2.5b : *Nouvelle situation de communication*

– 2.6b : *Discours de Geneviève*

– 2.7b : *Discours d'André*

– 2.8b : *Discours de Noémie*

---

1. Les textes des fiches 2.5a, 2.6a, 2.7a et 2.8a s'adressent à des élèves de la fin du deuxième cycle du primaire, tandis que les textes des fiches 2.5b, 2.6b, 2.7b et 2.8b s'adressent à des élèves du premier cycle du secondaire.

Activation des connaissances

Demandez aux élèves de se souvenir de la leçon précédente et d'expliquer ce qu'ils ont appris sur les caractéristiques du texte d'opinion.

Présentation des apprentissages visés

Dites aux élèves que dans cette leçon, ils vont préciser les caractéristiques d'un texte d'opinion en découvrant de nouvelles composantes.

Première partie : Association de textes à la situation de communication correspondante

■ Distribuez aux élèves la fiche 2.1.

■ Demandez-leur de lire attentivement les situations, de remarquer les similarités et les différences entre elles et de souligner les mots importants qui permettent de les distinguer (« raconter », « décris », « convaincant »).

■ Provoquez et dirigez une brève discussion à partir des observations des élèves.

■ Distribuez aux élèves les fiches 2.2, 2.3 et 2.4.

■ Demandez-leur de lire les trois textes et d'associer chacun d'eux à l'une des situations de communication de la fiche 2.1.

■ Demandez ensuite aux élèves de comparer leurs réponses avec celles d'un coéquipier en les justifiant.

■ Provoquez et dirigez une brève discussion à partir des réponses des élèves en incitant ceux-ci à se justifier.

Deuxième partie : Comparaison de textes d'opinion correspondant à une même situation de communication

■ Distribuez aux élèves la fiche 2.5 choisie.

■ En vous servant de votre transparent de la fiche 2.5, lisez à voix haute la situation et expliquez l'activité (décrite dans la fiche).

■ Distribuez aux élèves les fiches 2.6, 2.7 et 2.8 choisies.

■ Demandez-leur de lire les textes et d'indiquer sur la fiche 2.5 quelle personne, selon eux, a le plus de chances d'être élue, et pourquoi.

■ Demandez aux élèves de comparer leurs réponses avec celles d'un coéquipier en les justifiant.

Bilan

Provoquez et dirigez une brève discussion sur les réponses des élèves en incitant ceux-ci à se justifier. Faites ressortir le fait que Stéphane (ou Geneviève) donne trois raisons pertinentes et les développe de façon appropriée, car dans les deux cas, il ou elle a tenu compte des destinataires, alors que Mélanie (ou Noémie) présente des raisons et des détails peu pertinents qui ne sont pas adaptés aux destinataires, tandis que Patrick (ou André) présente des raisons pertinentes mais ne les développe pas de façon appropriée et ne tient pas compte des destinataires.

Demandez aux élèves d'expliquer ce qu'ils ont appris de nouveau sur le texte d'opinion. Les élèves devraient indiquer notamment que, pour être convaincant, l'auteur doit justifier son opinion en tenant compte du destinataire dans le développement des raisons avancées.

Leçon 3 La nature du texte d'opinion

Durée approximative : 50 minutes

Tâche : Analyse d'exemples et de contre-exemples de textes

Apprentissages visés :

■ Comprendre ce qu'est un texte d'opinion en prenant conscience de l'importance de présenter plusieurs raisons pertinentes pour appuyer son opinion

■ Apprendre du vocabulaire lié au texte d'opinion pour pouvoir parler de ce type de texte

Équipes : Groupes hétérogènes (élèves forts, moyens et faibles) de 2 élèves que vous aurez formés à l'avance

■ Un rétroprojecteur

■ Une grande affiche et un feutre

■ Pour tous les élèves, une photocopie des fiches suivantes[2] :
 – 3.1a : *Situation de communication : un chien S.V.P.!*
 – 3.2a : *Un chien S.V.P.! (I)*
 – 3.3a : *Un chien S.V.P.! (II)*
 – 3.4a : *Un chien S.V.P.! (III)*
 ou
 – 3.1b : *Situation de communication : un voyage humanitaire en Haïti*
 – 3.2b : *Chers membres du comité de sélection (I)*
 – 3.3b : *Chers membres du comité de sélection (II)*
 – 3.4b : *Chers membres du comité de sélection (III)*

■ Pour l'enseignant, un transparent des fiches choisies pour les élèves et la fiche 3.5 : *Qui a écrit la lettre la plus convaincante ? (corrigé)*

Activation des connaissances

Demandez aux élèves de se souvenir de la leçon précédente et d'expliquer ce qu'ils ont appris sur les caractéristiques du texte d'opinion. Ils doivent notamment vous répondre que l'auteur d'un texte d'opinion doit se justifier en donnant des raisons et en les développant.

---

2. Les textes des fiches 3.1a, 3.2a, 3.3a et 3.4a s'adressent à des élèves de la fin du deuxième cycle du primaire, tandis que les textes des fiches 3.1b, 3.2b, 3.3b et 3.4b s'adressent à des élèves du premier cycle du secondaire.

Présentation des apprentissages visés

Annoncez aux élèves que dans cette leçon, ils vont préciser les caractéristiques d'un texte d'opinion en découvrant de nouvelles composantes.

Première partie : Comparaison de textes d'opinion correspondant à une situation de communication donnée

■ Distribuez aux élèves la fiche 3.1 choisie et faites-en la lecture à voix haute à partir du transparent. Expliquez aux élèves la situation de communication.

■ Distribuez ensuite aux élèves les fiches 3.2, 3.3 et 3.4 choisies.

■ Dans le cas de la situation portant sur l'adoption d'un chien, demandez aux élèves de lire les lettres écrites par Nicole, Éric et Alain, et de décider lequel des trois amis réussira le mieux à convaincre ses parents d'adopter un chien. Les élèves doivent justifier leur choix.

■ Dans le cas de la situation portant sur le voyage en Haïti, demandez aux élèves de lire les lettres écrites par trois élèves et de décider lequel d'entre eux réussira le mieux à convaincre le comité de sélection de le choisir. Les élèves doivent justifier leur choix.

■ Demandez aux élèves de comparer leur réponse avec celle de leur coéquipier.

Bilan

En vous inspirant du corrigé de la fiche 3.5 et en vous servant des transparents des fiches 3.1, 3.2, 3.3 et 3.4 choisies, faites réfléchir les élèves en leur posant des questions et amenez-les à dégager les points suivants :

– Nicole et Laurie ne sont pas convaincantes. Elles donnent bien trois raisons différentes qu'elles développent, mais le choix de ces raisons et les détails donnés à l'appui ne sont pas très pertinents, car elles n'ont pas tenu compte des éléments de la situation de communication ;

– Éric et Jessica ne sont pas convaincants, bien qu'ils soient plus convaincants que Nicole et Laurie. Ils répètent trois fois la même raison. Éric reprend l'idée liée au coût peu élevé qu'occasionnera l'adoption du chien. Quant à Jessica, elle reprend dans chaque paragraphe l'idée de l'aide qu'elle pourra apporter ;

– Alain et Julie sont les plus convaincants. Ils donnent trois raisons différentes qui sont bien adaptées au destinataire et qui sont développées de façon pertinente.

Demandez aux élèves de récapituler les composantes essentielles d'un texte d'opinion : trois raisons différentes choisies en fonction du destinataire et développées à l'aide de détails pertinents. Consignez ces informations sur l'affiche prévue à cet effet, que vous exposerez sur un mur de la classe.

Leçon 4 La structure du texte d'opinion

Durée approximative : 50 minutes

Tâche : Analyse d'un exemple de texte d'opinion à l'aide d'un schéma

Apprentissages visés :

- Comprendre comment est structuré un texte d'opinion en :
  - en distinguant les différentes parties
  - définissant la fonction de chaque partie
  - déterminant les composantes de chaque partie
  - repérant les connecteurs qui marquent la structure d'ensemble du texte
- Continuer d'apprendre du vocabulaire lié au texte d'opinion pour pouvoir parler de ce type de texte

Équipes : Les mêmes groupes de 2 élèves qu'à la leçon 3

Matériel

- Un rétroprojecteur et un feutre à encre effaçable
- Pour tous les élèves :
  - un bâton de colle
  - une photocopie des fiches suivantes :
    - 2.4 : *Pour se mettre dans l'ambiance de la peur*[3]
    - 3.4a : *Un chien S.V.P. ! (III)*
    - 4.1 : *Mon schéma*
    - 4.2 : *Schéma à remplir*
    - 4.3 : *À l'aide ! Un coup de vent a mêlé les parties de mon schéma !*
- Pour l'enseignant, un transparent des fiches prévues pour les élèves et les fiches 4.4 : *Texte d'opinion sur la peur : schéma-plan (corrigé)* et 4.5 : *Schéma à remplir (corrigé)*

Préparation

Avant de commencer la leçon, découpez les parties de la fiche 4.3 et mettez-les dans une enveloppe.

Activation des connaissances

Rappelez aux élèves les textes qu'ils ont lus jusqu'ici sur le thème de la peur, de l'élection d'un représentant de classe ou d'un président du conseil d'école, de l'adoption d'un chien et d'un voyage humanitaire en Haïti. Demandez-leur ce que ces textes leur ont permis d'apprendre sur la façon de convaincre. Ils doivent notamment vous répondre qu'il faut justifier son opinion en donnant plusieurs raisons différentes et en tenant compte du destinataire, c'est-à-dire de ses goûts, des traits de sa personnalité, de ses besoins, etc.

---

3. Lorsque le premier chiffre de la fiche est inférieur au numéro de la leçon, cela signifie que les élèves ont reçu la fiche lors d'une leçon précédente et qu'ils doivent la reprendre pour la nouvelle leçon. Par exemple, le chiffre 2.4 indique que les élèves ont reçu la fiche lors de la leçon 2.

*que nous vous
le des élèves
iture du texte
s appuyant su
durable et tr
rs novices et
ux élèves f
efficac
maintenant
structure du
un tableau-r
. Ensuite, no
fin, nous vous
s préparatoires
développer la
secondaire e
organisé ses c
ve traitant d
démarche d'
esse à la fois
s plus cohéren
et avons obse
oduction, nou
leçons) et ac
idée du cont
es de base sur
ls pratiques e
us vous propos
élèves de la f
texte d'opinio
nt sur des re
transférable,
es et celle des
ibles, et les a
ous l'avons ex
à long terme.
ogramme (ph
sumé.
ous ex,*

Déroulement

Présentation des apprentissages visés

Dites aux élèves que dans cette leçon, ils vont apprendre comment est bâti le texte d'opinion en étudiant ses différentes parties et les composantes de chaque partie.

Première partie : Découverte des parties du texte d'opinion et de leurs composantes

■ À l'aide du rétroprojecteur, montrez aux élèves le schéma de la fiche 4.1 et expliquez-leur qu'il représente la structure du texte d'opinion, c'est-à-dire ses différentes parties (les grandes boîtes) et les composantes de ces parties (les petites boîtes, les lignes, les chiffres et les lettres).

■ En posant des questions, amenez les élèves à nommer les différentes parties (titre, introduction, développement, conclusion) et à émettre des hypothèses sur les composantes et la fonction de chacune de ces parties. Évitez à cette étape de confirmer ou d'infirmer les réponses des élèves puisqu'en faisant l'activité suivante, ils pourront découvrir précisément de quoi il s'agit.

Deuxième partie : Découverte de la structure du texte d'opinion à l'aide d'un exemple

■ Demandez aux élèves de reprendre leur fiche 2.4.

■ Montrez le transparent de la fiche 2.4 au rétroprojecteur et lisez le texte à voix haute.

■ Demandez aux élèves s'ils trouvent le texte intéressant et facile à comprendre. Invitez-les à justifier leurs propos.

■ À l'aide de questions, amenez-les à prendre conscience du fait que la lisibilité du texte résulte en partie de sa bonne organisation.

■ Annoncez aux élèves que pour mieux comprendre comment l'auteur a organisé ses idées, vous allez avec eux dégager le plan du texte en faisant un schéma représentant le squelette du texte. Précisez-leur que cette activité va leur permettre de vérifier les hypothèses émises à l'étape précédente concernant le nom, la fonction et les composantes des différentes parties du texte.

■ Remettez aux élèves la fiche 4.1.

■ En vous servant du transparent de la fiche 2.4, demandez aux élèves de repérer dans le texte les paragraphes d'introduction, de développement et de conclusion.

■ Pour chaque paragraphe, amenez les élèves à repérer oralement les idées clés, et inscrivez au fur et à mesure ces idées, en style télégraphique, sur le transparent de la fiche 4.1. Pour vous aider à guider les élèves, vous pouvez vous inspirer du corrigé proposé dans la fiche 4.4.

■ Demandez aux élèves de transcrire le plan reconstitué par toute la classe sur leur fiche 4.1.

■ Une fois le plan terminé, amenez les élèves à reconnaître que :
  – dans l'introduction, l'auteur donne son opinion (dans la petite boîte) et les trois raisons qui l'appuient (sur les trois lignes) ;

– dans les paragraphes du développement, il énonce d'abord une raison (**R**), puis il la développe (**D**), et enfin il termine par une phrase de clôture (**P**hrase de clôture);

– dans la conclusion, il fait le bilan en redonnant son opinion et en récapitulant ses raisons (première petite boîte), et il ouvre le sujet en plaçant son opinion dans un contexte plus général (deuxième petite boîte).

Troisième partie : Repérage des connecteurs marquant la structure d'ensemble du texte

■ Montrez à nouveau le transparent de la fiche 2.4 à l'aide du rétroprojecteur.

■ Demandez alors aux élèves comment le lecteur sait que dans ce texte, l'auteur va parler d'une première raison, puis d'une deuxième et d'une troisième, comment il sait que l'auteur est en train de développer ces raisons et comment il sait qu'il est en train de conclure.

■ Encerclez les connecteurs sur le transparent à l'aide du feutre à encre effaçable.

Quatrième partie : Remplissage d'un schéma déjà partiellement rempli

■ Demandez aux élèves de prendre leur fiche 3.4.

■ Distribuez la fiche 4.2.

■ Demandez aux élèves de lire attentivement le texte de la fiche 3.4a et de compléter le schéma de la fiche 4.2 en remarquant dans le texte ce qui n'est pas déjà noté et en l'ajoutant.

■ Ensuite, demandez-leur de comparer leurs réponses avec celles de leur coéquipier.

■ Dirigez une séance de correction avec toute la classe en vous inspirant du corrigé de la fiche 4.5.

Reconstitution d'un schéma casse-tête

Distribuez aux élèves la fiche 4.3 et demandez-leur de reconstituer (individuellement) le schéma, en pensant bien à la place et à la fonction des différentes parties du texte et de leurs composantes.

Conclusion

Leçon 5 *La structure du texte d'opinion (suite)*

Durée approximative: 50 minutes

Tâche : Analyse d'un contre-exemple de texte à l'aide d'un schéma

Apprentissages visés :

■ Juger un contre-exemple de texte d'opinion en repérant ses faiblesses et ses lacunes tant sur le plan de la structure que sur celui de la pertinence des idées

■ Continuer d'apprendre du vocabulaire lié au texte d'opinion pour pouvoir parler de ce type de texte

Équipes : Les mêmes groupes de 2 élèves qu'aux leçons 3 et 4

- Un rétroprojecteur et un feutre à encre effaçable

- Pour chaque équipe :
  - une enveloppe contenant les phrases découpées du texte de la fiche 5.2 : *Lettre-puzzle à reconstituer*
  - une photocopie des fiches suivantes :
    - 5.1 : *Situation de communication : un comité de protection de l'environnement*
    - 5.3 : *Lettre à la directrice au nom de tous les élèves*
    - 5.4 : *Situation de communication : le cours d'éducation physique*
    - 5.5 : *Lettre de Mélissa*
    - 4.1 : *Mon schéma (deux photocopies de cette fiche)*

- Pour l'enseignant, un transparent des fiches prévues pour les élèves et des fiches 5.6 : *Analyse d'un contre-exemple : le cours d'éducation physique (corrigé)* et 4.1 : *Mon schéma*

Activation des connaissances

- Montrez, à l'aide du rétroprojecteur, le transparent de la fiche 5.1 et lisez avec les élèves la situation de communication « Un comité de protection de l'environnement ». Demandez aux élèves de prévoir les idées qu'ils vont trouver dans la lettre que le groupe écologiste a écrite à la directrice.

- Expliquez ensuite aux élèves que l'ordinateur a mêlé toutes les phrases de la lettre en question et que leur tâche consiste à reconstituer le texte en remettant les phrases dans un ordre logique.

- Distribuez aux équipes formées pour la tâche une enveloppe contenant les phrases découpées et mélangées de la fiche 5.2 et donnez-leur le temps nécessaire pour reconstituer la lettre-puzzle en utilisant de bonnes stratégies de lecture.

- Quand les élèves ont terminé, remettez-leur une photocopie de la fiche 5.3 et demandez-leur de comparer leur version du texte avec la version originale.

- Ensuite, en vous servant de votre transparent de la fiche 5.3, discutez avec l'ensemble de la classe des différences et des ressemblances entre les lettres reconstituées et le texte original.

- Pour faire réfléchir les élèves sur les stratégies de lecture qu'ils ont utilisées lors de cette activité, demandez-leur d'expliquer comment ils s'y sont pris pour reconstituer le puzzle. Soulignez les commentaires qu'ils font au sujet du rôle de leurs connaissances sur le format de la lettre, la structure des paragraphes, les mots de liaison entre les paragraphes et à l'intérieur de ceux-ci.

Présentation des apprentissages visés

Annoncez aux élèves que dans cette leçon, ils vont se servir des connaissances qu'ils ont acquises sur le texte d'opinion pour aider un autre élève à améliorer son texte.

Première partie: Analyse d'un contre-exemple de texte d'opinion à l'aide d'un schéma

- Montrez au rétroprojecteur le transparent de la fiche 5.4 et lisez la situation avec les élèves. Racontez aux élèves que Mélissa, une jeune fille de leur âge, a décidé d'exprimer son opinion sur les cours d'éducation physique dans le journal de l'école. Mais avant de soumettre son texte au comité de rédaction, elle aimerait que ses amis, les élèves de votre classe en l'occurrence, lui donnent des conseils pour qu'elle puisse l'améliorer.

- Distribuez la fiche 5.5 et demandez à un élève de lire la lettre de Mélissa. Invitez l'ensemble de la classe à réagir, à dire ce qui semble bien réussi et à émettre des hypothèses sur ce qu'il faudrait ajouter, modifier ou enlever pour améliorer le texte.

- Demandez aux élèves quels moyens ils peuvent utiliser pour repérer plus précisément toutes les faiblesses du texte. Amenez-les à découvrir qu'ils peuvent dégager le plan du texte de Mélissa en faisant un schéma.

- Distribuez une photocopie de la fiche 4.1.

- Posez des questions aux élèves sur la structure du texte de Mélissa et notez les idées clés du texte dans les cases vides du schéma représenté sur le transparent de la fiche 4.1.

- Au fil de la discussion, les élèves pourront noter, au crayon à la mine, ces mêmes idées sur la fiche que vous leur avez distribuée.

- Une fois les idées du texte de Mélissa inscrites sur le schéma, amenez les élèves à repérer les éléments manquants du texte, les éléments non pertinents, les faiblesses. Pour vous aider, vous pouvez vous inspirer du corrigé de la fiche 5.6.

Deuxième partie: Correction / révision du plan du contre-exemple

- Demandez aux élèves de corriger, individuellement, les faiblesses du plan de Mélissa et d'ajouter sur le schéma, au crayon à la mine, les éléments manquants.

- Demandez aux élèves de rejoindre leur coéquipier.

- Distribuez aux différentes équipes une autre photocopie de la fiche 4.1. Invitez les élèves à comparer leurs deux plans et à travailler ensemble, en discutant, pour obtenir un seul plan commun, qu'ils noteront sur la fiche.

- Demandez à une équipe ayant bien compris le travail et ayant terminé avant les autres de reproduire son plan sur un nouveau transparent de la fiche 4.1. Invitez-la à présenter son plan à l'ensemble de la classe en se servant du transparent.

- Discutez avec toute la classe de la démarche d'exploitation du schéma pour évaluer et améliorer le texte contre-exemple de Mélissa. Demandez aux élèves d'imaginer d'autres contextes où l'emploi de cette stratégie pourrait s'avérer pertinent.

Leçon 6 *Premier projet de texte : l'analyse de la situation*

Durée approximative : 50 minutes

Tâche : Commencer à faire la planification d'un texte d'opinion en utilisant une stratégie pour analyser la situation de communication

Apprentissages visés :

- Commencer à se représenter le processus de planification d'un texte d'opinion en se familiarisant avec la stratégie « Examen à la loupe » (pour bien comprendre la situation de communication)

- Utiliser la stratégie « Examen à la loupe » pour commencer à faire la planification d'un texte d'opinion

- Continuer d'acquérir du vocabulaire pour pouvoir parler du texte d'opinion

Équipes : Groupes hétérogènes (élèves forts, moyens et faibles) de 2 élèves que vous aurez formés à l'avance

---

Matériel

- Un rétroprojecteur et un feutre à encre effaçable
- Pour tous les élèves, une photocopie des fiches suivantes :
  - 6.1 : *Situation de communication : ma propre chambre*
  - 6.2 : *Planification d'un texte d'opinion : stratégie 1 « Examen à la loupe »*
  - 6.3 : *Premier projet de texte : choix de situations de communication* (ou une version adaptée de cette fiche)
- Pour l'enseignant, un transparent des fiches prévues pour les élèves et de la fiche 6.4 : *Planification d'un texte d'opinion : stratégie 1 « Examen à la loupe » (corrigé)*

Préparation

Avant de commencer la leçon :

Comme il est crucial que les élèves écrivent sur des sujets qui les intéressent, nous vous suggérons de compléter la fiche 6.3 en rédigeant d'autres situations qui correspondent peut-être mieux à la réalité de vos élèves.

Activation des connaissances

Demandez aux élèves de penser à une chose nouvelle qu'ils ont apprise dans la leçon précédente sur le texte d'opinion. Invitez-les à partager brièvement leurs idées.

Présentation des apprentissages visés

- Convenez avec les élèves qu'ils connaissent maintenant les composantes d'un texte d'opinion convaincant. Précisez toutefois que les connaissances qu'ils ont acquises ne leur suffisent pas pour en rédiger un. C'est pourquoi ils vont apprendre plusieurs stratégies pour le faire.

- Expliquez aux élèves que dans cette leçon, ils vont d'abord vous observer en train de vous poser des questions qu'un rédacteur habile se pose quand il fait la planification de son texte, puis essayer d'utiliser la stratégie que vous leur avez montrée pour commencer à faire la planification de leur propre texte. Précisez que plusieurs leçons seront consacrées à l'apprentissage de diverses stratégies et que chaque fois, ils commenceront par vous observer avant d'utiliser eux-mêmes la stratégie en question.

Première partie : Modelage d'une stratégie visant à bien comprendre la situation de communication

- Distribuez aux élèves une photocopie de la fiche 6.1 décrivant la situation de communication à partir de laquelle vous allez commencer à faire la planification d'un texte.

- Montrez au rétroprojecteur le transparent de cette fiche et expliquez aux élèves combien il est important de bien comprendre la tâche d'écriture avant de commencer à écrire.

- Commencez le modelage de l'emploi de la stratégie en analysant la situation de communication, à l'aide du transparent de la fiche 6.2. Pour préparer ce modelage, vous pouvez vous inspirer de la fiche 6.4, qui présente un corrigé, et du scénario ci-dessous.

- Quand vous aurez terminé le modelage, conservez le transparent de la fiche 6.2 avec les notes que vous y aurez inscrites. Vous en aurez besoin pour la leçon suivante.

Modelage Scénario pour la stratégie 1 « Examen à la loupe »	**« Examen à la loupe »** Exemples de phrases que l'enseignant prononce et de questions qu'il se pose pour montrer aux élèves ce qu'ils doivent se dire dans leur tête.
Quoi On commence en définissant la stratégie aux élèves.	« Je dois très bien comprendre la situation de communication ; je dois l'examiner à la loupe. »
Pourquoi On fait valoir l'utilité de la stratégie en expliquant aux élèves l'importance de bien distinguer les informations essentielles des informations secondaires dans la situation de communication.	« Je dois comprendre exactement ce que je dois faire et pour cela, je dois lire attentivement la description de la situation de communication. »
Quand On indique aux élèves (ou on leur demande de trouver) dans quels contextes il serait pertinent de recourir à cette stratégie.	« Je suis la même démarche chaque fois que je dois écrire un texte, avant de commencer et pendant que j'écris, et pas uniquement dans le cours de français… »
Comment	
Dans la description de la situation, on encercle les mots identifiant le destinataire et on répond à la question « Qui est mon destinataire ? » dans la colonne de droite du transparent de la fiche 6.2.	« Je me demande à qui j'écris. »
Puis, on repère les mots donnant des informations sur le destinataire et on répond à la question « Qu'est-ce que je sais sur mon destinataire dans la situation décrite ? » dans la colonne de droite du transparent. De même, pour les autres questions, on repère les mots dans le texte et on répond dans la colonne de droite du transparent.	« Quels mots me donnent des informations sur ma mère dans cette situation ? »

Modelage Scénario pour la stratégie 1 « Examen à la loupe »	« Examen à la loupe » Exemples de phrases que l'enseignant prononce et de questions qu'il se pose pour montrer aux élèves ce qu'ils doivent se dire dans leur tête.
Les élèves ne remarquent pas toujours les informations sur l'auteur dans la situation de communication donnée. La question « Qu'est-ce que je sais sur moi dans cette situation ? » a donc pour but d'attirer leur attention sur ces informations.	« Quelles informations est-ce que je peux trouver sur moi dans la situation de communication donnée ? »
Le texte d'opinion dépend de l'objectif de communication de l'auteur. Il est donc important que l'élève qui doit écrire un texte d'opinion se pose la question « Pourquoi est-ce que j'écris ? ».	« Est-ce que je veux décrire ma chambre ? raconter une histoire sur mon petit frère ? Quel but est-ce que je dois viser en écrivant ? Quels mots, dans la description de la situation, me l'indiquent ? »
L'élève doit bien réfléchir à l'opinion qu'il va exposer dans le texte et l'appuyer par diverses raisons.	« De quoi exactement est-ce que je veux convaincre ma mère ? »
Les questions « Qu'est-ce que mon destinataire risque de penser dans cette situation ? » et « Qu'est-ce que, moi, je pense dans la situation donnée ? » amènent l'élève à « lire entre les lignes », c'est-à-dire à faire des déductions sur le destinataire et sur le « moi » fictif.	« Que penserait ma mère, que dirait ma mère dans cette situation ? Comment réagirait-elle à tel ou tel argument ? Qu'est-ce que je penserais ou dirais, moi ? »

Deuxième partie : Pratique guidée

■ Expliquez aux élèves qu'ils vont maintenant commencer à faire la planification de leur premier texte à partir d'une situation de leur choix et en utilisant la stratégie que vous venez de leur montrer.

■ Présentez au rétroprojecteur le transparent de la fiche 6.3 et lisez à voix haute les textes qui décrivent les situations de communication. Animez une brève discussion sur les raisons qui doivent motiver le choix d'un sujet. Amenez les élèves à se rendre compte qu'il faut que le sujet les intéresse et qu'ils le connaissent suffisamment.

■ Précisez aux élèves qu'ils travailleront par équipes de deux à partir de la même situation. Dans cette leçon, ils se poseront les questions importantes. Puis, dans les leçons suivantes, ils feront ensemble la planification de leur texte et réviseront ensemble leur texte. Mais ils rédigeront individuellement.

■ Formez des équipes de deux personnes.

■ Distribuez à chaque équipe les fiches 6.2 et 6.3 en demandant aux élèves de choisir une situation. S'il y a lieu, vérifiez les situations suggérées par les élèves eux-mêmes (s'agit-il bien de situations dans lesquelles il faut convaincre quelqu'un de quelque chose ?).

■ Quand toutes les équipes ont choisi une situation, dites aux élèves de se poser à voix haute les questions apparaissant sur la fiche de stratégie 6.2 et d'y répondre à voix haute également pour enclencher un dialogue personnel. Dites-leur de noter leurs réponses dans la colonne de droite de la fiche.

■ Pendant le travail de réflexion des élèves, surveillez, aidez, guidez, donnez de la rétroaction…

Conclusion

Faites parler les élèves de leur travail. Demandez-leur d'expliquer la démarche qu'ils ont suivie, de décrire les problèmes qu'ils ont rencontrés et de faire des suggestions quant à la façon de les résoudre. Demandez-leur ensuite d'imaginer d'autres contextes dans lesquels ils pourraient réutiliser la même stratégie, et pourquoi. Annoncez-leur que dans la prochaine leçon, ils vont apprendre à utiliser une stratégie de recherche d'idées.

Leçon 7 La recherche d'idées

Durée approximative: 50 minutes

Tâche: Utiliser une stratégie de recherche d'idées, dans le cadre du processus de planification d'un texte

Apprentissages visés:

■ Continuer à se représenter le processus de planification d'un texte d'opinion en se familiarisant avec la stratégie «Deux bords, d'abord» (pour chercher des idées en tenant compte du destinataire)

■ Utiliser la stratégie «Deux bords, d'abord» pour planifier un texte

■ Continuer d'acquérir du vocabulaire pour pouvoir parler du texte d'opinion

Équipes: Les mêmes groupes de 2 élèves formés lors de la leçon 6

Matériel

■ Un rétroprojecteur et un feutre à encre effaçable

■ Pour tous les élèves, une photocopie des fiches suivantes:

– 6.2: *Planification d'un texte d'opinion: stratégie 1 «Examen à la loupe»* (remplie par l'élève)

– 6.3: *Premier projet de texte: choix de situations de communication*

– 7.1: *Planification d'un texte d'opinion: stratégie 2 «Deux bords, d'abord»*

■ Pour l'enseignant, un transparent des fiches suivantes:

– 6.1: *Situation de communication: ma propre chambre*

– 6.2: *Planification d'un texte d'opinion: stratégie 1 «Examen à la loupe»* (remplie par l'enseignant)

– 7.1: *Planification d'un texte d'opinion: stratégie 2 «Deux bords, d'abord»* et la fiche 7.2: *Planification d'un texte d'opinion: stratégie 2 «Deux bords, d'abord» (corrigé)*

Activation des connaissances

Demandez aux élèves de nommer la stratégie apprise dans la leçon 6 et de rappeler son utilité.

Présentation des apprentissages visés

Annoncez aux élèves que dans cette leçon, dans le cadre de l'apprentissage du processus de planification, ils vont apprendre à utiliser une stratégie qui va les aider à trouver des idées pertinentes. Comme dans la leçon précédente, vous allez d'abord leur montrer la stratégie. Puis, ce sera à leur tour de l'utiliser en gardant le contexte de communication de la leçon 6.

Première partie : Modelage d'une stratégie visant à trouver des idées tenant compte du destinataire

■ Montrez au rétroprojecteur le transparent de la fiche 6.1 décrivant la situation de communication « Ma propre chambre ». Rappelez aux élèves la situation. Insistez sur le destinataire du texte qu'ils doivent écrire en leur expliquant combien il est important d'en tenir compte.

■ Faites le modelage de l'utilisation de la stratégie de recherche d'idées « Deux bords, d'abord », à l'aide du transparent de la fiche 7.1. Pour préparer ce modelage, vous pouvez vous inspirer de la fiche 7.2, qui présente un corrigé, et du scénario ci-dessous.

■ Quand vous aurez terminé le modelage, conservez le transparent de la fiche 7.1 avec les notes que vous y aurez inscrites. Vous en aurez besoin pour la leçon suivante.

Modelage Scénario pour la stratégie 2 « Deux bords, d'abord »	**« Deux bords, d'abord »** Exemples de phrases que l'enseignant prononce et de questions qu'il se pose pour montrer aux élèves ce qu'ils doivent se dire dans leur tête.
Quoi On commence en définissant la stratégie aux élèves	« Je dois penser à la fois à mes propres idées et à celles de la personne que je veux convaincre. Je dois penser aux *deux bords* de la situation. »
Pourquoi On fait valoir l'utilité de la stratégie en expliquant aux élèves que souvent, quand on cherche des idées, on oublie le destinataire et on ne considère que notre propre point de vue.	« Si je veux convaincre, je dois me mettre dans les souliers de l'autre, je dois me mettre à la place de l'autre. Ça m'aide à avoir des idées. »
Quand On indique aux élèves (ou on leur demande de trouver) dans quels contextes il serait pertinent de recourir à cette stratégie. On leur explique qu'on recourt à cette stratégie quand on a bien lu la situation de communication en se servant de la stratégie précédente. À cet effet, on peut leur montrer le transparent de la fiche 6.2 annotée et leur expliquer qu'on va utiliser les réponses aux questions de cette fiche pour trouver d'autres idées à l'aide de la nouvelle stratégie.	« J'utilise cette stratégie chaque fois que je veux convaincre quelqu'un de quelque chose. Par exemple…[demandez aux élèves leurs idées]. »

>

Modelage Scénario pour la stratégie 2 « Deux bords, d'abord »	« Deux bords, d'abord » Exemples de phrases que l'enseignant prononce et de questions qu'il se pose pour montrer aux élèves ce qu'ils doivent se dire dans leur tête.
Comment On fait un va-et-vient constant entre le point de vue de l'auteur et celui du destinataire, pour vraiment montrer aux élèves qu'il faut tenir compte des deux opinions. Cependant, on fait valoir que le point de vue de l'auteur constitue un bon point de départ pour la recherche d'idées.	
Dans la colonne de gauche du transparent intitulée « Mon bord », sous « Mes idées », on note tous les détails concrets auxquels pensent les élèves en tant qu'auteurs. Pour cela, on se base sur les informations déjà notées au cours de l'étude de la stratégie précédente.	« Je pense au fait d'avoir ma propre chambre et je note toutes les idées qui me viennent à l'esprit. Pourquoi est-ce que je veux avoir ma propre chambre ? Pourquoi est-ce que je ne veux plus partager ma chambre avec mon petit frère ? Quels seraient les avantages ? »
Dans la colonne de droite intitulée « L'autre bord », sous « Les idées de mon destinataire », on note tous les détails auxquels pensent les élèves concernant l'opinion présumée du destinataire.	« Je pense à toutes les idées que va avoir ma mère quand je vais lui demander si je peux avoir ma propre chambre. »
Dans la colonne de gauche intitulée « Mon bord », sous « Ce que je peux dire pour convaincre mon destinataire », on part des idées notées au-dessus et on les transforme, si possible, en raisons qui pourraient toucher le destinataire, le faire changer d'avis.	« J'utilise les idées notées au-dessus pour les transformer en raisons, en arguments qui pourraient convaincre ma mère. »
Dans la colonne de droite, sous « Des idées que peut avoir le genre de personne qu'est mon destinataire », on note des justifications de nature générale en s'inspirant de ce qui a été noté dans les autres parties de la stratégie (voir la fiche corrigée 7.2).	« Est-ce qu'il y a d'autres raisons que je pourrais donner pour convaincre ma mère de me donner ma propre chambre ? »

Deuxième partie : Pratique guidée

■ Demandez aux élèves de rejoindre leur coéquipier et distribuez-leur la fiche 7.1. Demandez-leur aussi de reprendre leur fiches 6.2 remplie lors de la leçon précédente et la fiche 6.3.

Dites-leur de se poser à voix haute le plus de questions possibles à partir des indices qui se trouvent sur leur fiche de stratégie, et de noter leurs idées au fur et à mesure qu'elles leur viennent à l'esprit.

■ Pendant le travail de réflexion des élèves, surveillez, aidez, guidez, donnez de la rétroaction…

■ Faites parler les élèves de ce qu'ils viennent de faire. Demandez-leur d'expliquer la démarche qu'ils ont suivie, de décrire les problèmes qu'ils ont rencontrés et de faire des suggestions quant à la façon de les résoudre.

■ Pour les inciter à transférer leurs connaissances, demandez-leur d'imaginer d'autres contextes dans lesquels ils pourraient réutiliser cette stratégie de recherche d'idées. Invitez-les à justifier leurs propos. Annoncez-leur que dans la prochaine leçon, ils vont utiliser une autre stratégie de recherche d'idées intitulée « Raisons élastiques » et organiser les idées trouvées en se servant de la stratégie « L'arbre à l'envers ».

Leçon 8 La recherche (suite) et la hiérarchisation d'idées

Durée approximative : 50 minutes

Tâche : Utiliser une stratégie de recherche d'idées et une stratégie de regroupement et de hiérarchisation d'idées dans le cadre du processus de planification d'un texte

Apprentissages visés :

■ Continuer à se représenter le processus de planification d'un texte en se familiarisant avec les stratégies « Raisons élastiques » (pour chercher des détails) et « L'arbre à l'envers » (pour regrouper et hiérarchiser ses idées)

■ Utiliser les stratégies « Raisons élastiques » et « L'arbre à l'envers » pour faire la planification d'un texte d'opinion

■ Continuer d'acquérir du vocabulaire pour pouvoir parler du texte d'opinion

Équipes : Les mêmes groupes de 2 élèves formés lors de la leçon 6

Matériel

■ Un rétroprojecteur et un feutre à encre effaçable
■ De grands élastiques
■ Pour tous les élèves, une photocopie des fiches suivantes :
   – 6.3 : *Premier projet de texte : choix de situations de communication*
   – 7.1 : *Planification d'un texte d'opinion : stratégie 2 « Deux bords, d'abord »* (remplie par l'élève)
   – 8.1 : *Planification d'un texte d'opinion : stratégie 3 « Raisons élastiques »*
   – 8.2 : *Planification d'un texte d'opinion : stratégie 4 « L'arbre à l'envers »*
■ Pour l'enseignant, un transparent des fiches suivantes :
   – 6.1 : *Situation de communication : ma propre chambre*
   – 7.1 : *Planification d'un texte d'opinion : stratégie 2 « Deux bords, d'abord »* (remplie par l'enseignant)
   – 7.2 : *Planification d'un texte d'opinion : stratégie 2 « Deux bords, d'abord » (corrigé)*
   – 8.1 : *Planification d'un texte d'opinion : stratégie 3 « Raisons élastiques »*
   – 8.2 : *Planification d'un texte d'opinion : stratégie 4 « L'arbre à l'envers »* et la fiche 8.3 : *Planification d'un texte d'opinion : stratégie 4 « L'arbre à l'envers » (corrigé)*

Activation des connaissances

Demandez à quelques élèves d'énumérer les raisons qu'ils ont trouvées, en utilisant la stratégie «Deux bords, d'abord», pour appuyer leur opinion dans la situation de communication qu'ils ont choisie («De l'argent de poche», «Mon ami déménage» ou une autre). Demandez-leur de parler aussi de leur expérience d'utilisation de la stratégie.

Présentation des apprentissages visés

Expliquez aux élèves que les bons scripteurs passent généralement beaucoup de temps à organiser leurs idées avant de se mettre à écrire. Ils prennent le temps de développer leurs idées et de les regrouper afin d'éviter de se répéter. Précisez aux élèves que dans cette leçon, ils vont apprendre deux nouvelles stratégies qui vont les aider à faire ces opérations.

Première partie: Modelage d'une stratégie visant à trouver des détails pour développer ses idées

- Montrez au rétroprojecteur la fiche 6.1 décrivant la situation de communication «Ma propre chambre».

- Ensemble, rappelez-vous les détails de cette situation.

- Expliquez aux élèves que vous aimeriez trouver plus d'idées pour écrire un texte d'opinion en lien avec la situation de communication. Vous allez pour cela utiliser devant eux la stratégie «Raisons élastiques» en leur montrant la démarche. Précisez-leur que lorsque vous aurez fini, ils utiliseront cette stratégie pour le texte qu'ils doivent écrire.

- Commencez le modelage de l'utilisation de la stratégie en vous appuyant sur le transparent de la fiche 8.1. Pour préparer ce modelage, vous pouvez vous inspirer du scénario ci-dessous.

Modelage Scénario pour la stratégie 3 «Raisons élastiques»	**«Raisons élastiques»** Exemples de phrases que l'enseignant prononce et de questions qu'il se pose pour montrer aux élèves ce qu'ils doivent se dire dans leur tête.
Quoi On commence en définissant la stratégie aux élèves.	«Je dois dire à mon destinataire tout ce que j'ai dans la tête quand je donne ma raison. Pour ça, je dois étirer mon idée comme un élastique.»
Pourquoi Ici, on touche à trois difficultés qu'éprouvent souvent les élèves: trouver des idées, se limiter aux idées pertinentes et développer leurs idées.	«Plus je donne des détails pertinents, plus je suis convaincant. Pour prouver l'innocence ou la culpabilité d'un accusé, un avocat a besoin de tous les détails concernant les faits et la situation. C'est la même chose ici.»
Quand On indique aux élèves (ou on leur demande de trouver) dans quels contextes il serait pertinent de recourir à cette stratégie.	«J'utilise cette stratégie chaque fois que je veux convaincre quelqu'un de quelque chose, que ce soit mes amis, mes camarades ou la directrice...»

Modelage Scénario pour la stratégie 3 « Raisons élastiques »	« Raisons élastiques » Exemples de phrases que l'enseignant prononce et de questions qu'il se pose pour montrer aux élèves ce qu'ils doivent se dire dans leur tête.
Comment On commence par expliquer qu'il s'agit d'« étirer » une raison en y ajoutant le plus de détails pertinents possibles.	
Pour que les élèves visualisent l'idée de base de la stratégie, on montre un grand élastique et on l'étire devant eux.	« Ajouter des détails à la raison qu'on donne, c'est un peu comme étirer un élastique. »
On montre au rétroprojecteur la fiche 8.1. On lit la première directive, soit : « J'écris l'une des raisons que je peux donner pour convaincre mon destinataire ». Puis, on examine la fiche 7.1 annotée au cours de la leçon précédente et on choisit, comme raison à étirer, « Je pourrais mieux étudier », puis on l'inscrit sur le transparent.	« D'abord, je choisis une raison. »
On pose la question « C'est quoi ? » (la première de la liste de questions proposées). On indique qu'elle n'est pas très utile dans la situation étudiée. En effet, c'est une question qu'on se poserait s'il fallait définir davantage la « raison », mais ici ce n'est pas nécessaire car on comprend bien de quoi il s'agit.	« Ensuite, je réponds aux questions de la fiche pour trouver des détails. "C'est quoi ?" n'est pas une question très utile. Je vais passer à la suivante. »
On pose la question « Où ? » et on « imagine » qu'on pourrait étudier sur la grande table du bureau. On note l'idée sur le transparent de façon à pouvoir faire une longue phrase, comme celle du bas de la fiche. On note par exemple « sur la grande table du bureau ».	« Où est-ce que je pourrais étudier ? Sur la grande table qui se trouve dans le bureau. Je note ma réponse, mon idée sur les lignes à côté de l'énoncé "…et je note mes réponses ici :". »
On répète l'opération avec toutes les questions proposées sur la fiche.	
Ensuite, on montre aux élèves comment combiner ses idées en une phrase en partant de la phrase courte et simple du bas de la fiche et en l'« étirant » de façon à obtenir la phrase qui se trouve juste au-dessous.	« Maintenant, avec toutes les idées que j'ai notées, comment puis-je faire une seule longue phrase ? »
On lit la première phrase courte en montrant l'élastique non étiré, puis on lit la phrase longue en étirant l'élastique.	« Je lis ma phrase courte et simple puis ma phrase "étirée" qui donne plein de détails. »

Deuxième partie : Pratique guidée

- Invitez les élèves à rejoindre leur coéquipier et demandez-leur de reprendre leur fiche 6.3 et leur fiche 7.1 annotée. Distribuez à chaque équipe une photocopie de la fiche 8.1.

- Demandez aux élèves de bien examiner les idées qu'ils ont notées sur la fiche 7.1 et d'en choisir une qui pourrait constituer une raison à développer ou à «étirer».

- Invitez-les à noter leur idée sur la fiche 8.1 et à «l'étirer», à la développer à l'aide des questions. Donnez-leur un temps limite pour obtenir une longue phrase. Vous pouvez préciser qu'une fois le temps écoulé, vous allez demander à quelques élèves de lire à l'ensemble de la classe leur phrase enrichie de détails.

Troisième partie : Modelage d'une stratégie visant à regrouper des idées

- Expliquez aux élèves que maintenant que vous avez suffisamment d'idées pour votre texte intitulé «Ma propre chambre», vous devez les organiser en en sélectionnant quatre (à l'étape suivante, ils choisiront les trois meilleures). Ces quatre idées constituent des raisons importantes auxquelles vous pouvez relier d'autres idées qui constituent des détails appuyant chacune de ces raisons.

- Dites-leur qu'il est souvent difficile de distinguer les raisons des détails. La stratégie «L'arbre à l'envers» que vous allez leur montrer va les aider à faire cette distinction.

- Commencez le modelage de l'utilisation de la stratégie en vous servant du transparent de la fiche 8.2. Annoncez aux élèves que vous avez besoin de leur participation pour faire le tri des idées. Pour préparer ce modelage, vous pouvez vous inspirer de la fiche 8.3, qui présente un corrigé, et du scénario ci-dessous.

  Une fois le modelage terminé, conservez bien le transparent de la fiche 8.2 avec les notes que vous y avez inscrites, car vous en aurez besoin pour la leçon suivante.

Modelage Scénario pour la stratégie 4 «L'arbre à l'envers»	**«L'arbre à l'envers»** Exemples de phrases que l'enseignant prononce et de questions qu'il se pose pour montrer aux élèves ce qu'ils doivent se dire dans leur tête.
Quoi On commence en définissant la stratégie aux élèves.	«J'ai plusieurs idées pour justifier mon opinion. Pour savoir lesquelles vont ensemble, je peux utiliser la stratégie de l'arbre à l'envers.»
Pourquoi On fait valoir l'utilité de la stratégie en expliquant que cette stratégie aide à faire le lien entre «opinion», «raison» et «détail», à trouver de nouvelles idées et à éliminer les idées répétitives.	«Si mes idées sont bien organisées, mon destinataire me trouvera plus convaincant.»
Quand On indique aux élèves (ou on leur demande de trouver) dans quels contextes il serait pertinent de recourir à cette stratégie.	«Je fais ça avant de commencer à écrire, chaque fois que je prépare un texte d'opinion.»

Modelage Scénario pour la stratégie 4 « L'arbre à l'envers »	« L'arbre à l'envers » Exemples de phrases que l'enseignant prononce et de questions qu'il se pose pour montrer aux élèves ce qu'ils doivent se dire dans leur tête.
Comment On inscrit les idées au niveau approprié de la hiérarchie représentée par l'arbre à l'envers.	« Il me suffit d'écrire mes idées au bon endroit dans l'arbre et de remplir tous les blancs, tous les trous. »
Pour trouver ces idées, on peut se rappeler les résultats obtenus grâce aux deux stratégies précédentes. On peut aussi utiliser de nouvelles idées convenant à la structure hiérarchique de l'arbre.	« Dans le tronc de l'arbre, j'écris "Je devrais avoir ma propre chambre", parce que toutes mes autres idées partent de là. » « Où est-ce que je vais trouver mes différentes raisons ? Dans les fiches que j'ai remplies lorsque j'ai utilisé les stratégies "Deux bords, d'abord" et "Raisons élastiques". »

Mini-scénarios de modelage autour de cinq raisons différentes

1. En partant de la fiche 7.2 sur la stratégie « Deux bords, d'abord », on peut faire valoir aux élèves que « Je pourrais garder mes affaires en ordre » et « Je pourrais mieux étudier » vont ensemble. On écrit alors « Je pourrais mieux étudier » sur la première grosse branche et « Mes affaires » comme détail. Il faut deux autres détails pour compléter la branche. On peut indiquer par exemple « Moins de bruit » et « J'aimerais commencer un journal intime ».
2. On peut partir de l'idée « J'apprendrais à faire le ménage et à faire mon lit ». On indique alors aux élèves que ce n'est pas vraiment une raison, mais plutôt un détail. On l'inscrit donc sur une petite branche d'une deuxième grosse branche. Puis, on se demande : Quelle est la raison principale à laquelle est lié ce détail ? « Je serais plus autonome. » On écrit cette idée sur la deuxième grosse branche. Puis, on complète les deux petites branches avec deux autres détails : « Ça aiderait ma mère » et « Je m'occuperais de mes vêtements ».
3. On peut encore prendre l'exemple de l'idée « Je pourrais inviter des amis ». Le petit frère qui dérange, qui écoute, qui répète tout constituent trois bons détails pour appuyer cette raison.
4. On peut partir de l'idée « Mon petit frère doit être plus indépendant ». Qu'est-ce qu'on peut dire pour convaincre maman ? « À son âge, je dormais seul. » « Quand il ira chez ses amis, il dormira sans moi » « Je ne serai pas toujours à la maison avec lui. »
5. Dernier exemple de raison : « Ça ne nous empêche pas d'avoir des invités. » « Quand ils viendront, j'irai coucher dans la chambre avec mon petit frère… »

Quatrième partie : Pratique guidée

- Distribuez à chaque équipe la fiche 8.2.

- Dites ensuite aux élèves d'examiner les idées qu'ils ont notées sur leurs fiches de stratégie 7.1 et 8.1, de choisir parmi elles quatre raisons et plusieurs détails pour les appuyer et d'inscrire ces informations au bon endroit sur la fiche 8.2.

- Pendant le travail des élèves, surveillez, aidez, guidez, donnez de la rétroaction…

- Remarquez les élèves qui appliquent bien la stratégie.

■ Demandez aux élèves repérés de parler de ce qu'ils viennent de faire. Demandez-leur en particulier d'expliquer comment ils s'y sont pris pour distinguer les arguments des détails, pour choisir quatre raisons pertinentes du point de vue du destinataire et pour s'assurer que ces raisons sont bien distinctes les unes des autres.

■ Demandez à tous les élèves de trouver et de nommer d'autres contextes dans lesquels ils pourraient réutiliser les deux stratégies qu'ils ont apprises dans cette leçon. Invitez-les à justifier leurs propos.

Leçon 9 La hiérarchisation d'idées (suite)

Durée approximative: 50 minutes

Tâche: Utiliser une stratégie permettant d'avoir une vue d'ensemble de son texte, dans le cadre du processus de planification d'un texte

Apprentissages visés:

■ Continuer à se représenter le processus de planification d'un texte en utilisant la stratégie «Aperçu» pour sélectionner les raisons les plus convaincantes et les mettre en rapport avec les autres parties du texte

■ Continuer d'acquérir du vocabulaire pour pouvoir parler du texte d'opinion

Équipes: Les mêmes groupes de 2 élèves formés lors de la leçon 6

■ Un rétroprojecteur et un feutre à encre effaçable

■ Pour tous les élèves, une photocopie des fiches suivantes:
  – 8.2: *Planification d'un texte d'opinion: stratégie 4 «L'arbre à l'envers»* (remplie par l'élève)
  – 9.1: *Planification d'un texte d'opinion: stratégie 5 «Aperçu»*

■ Pour l'enseignant, un transparent des fiches suivantes:
  – 6.1: *Situation de communication: ma propre chambre*
  – 8.2: *Planification d'un texte d'opinion: stratégie 4 «L'arbre à l'envers»* (remplie par l'enseignant)

Avant la leçon, reproduisez au tableau le schéma de la fiche 9.1.

Activation des connaissances

■ Demandez aux élèves de reprendre leur fiche de stratégie 8.2 sur «L'arbre à l'envers» qu'ils ont remplie lors de la leçon précédente.

■ En posant diverses questions, invitez-les à s'exprimer au sujet de l'utilité de cette stratégie. Amenez-les à reconnaître qu'elle leur permet de : 1) distinguer les raisons des détails ; 2) s'assurer que les raisons choisies sont assez générales et peuvent être développées, précisées ; 3) vérifier qu'il y a suffisamment de détails pour développer une raison ; 4) s'assurer que les détails sont bien en rapport avec la raison qu'ils appuient et qu'ils ne se répètent pas d'une raison à l'autre.

Présentation des apprentissages visés

Annoncez aux élèves que dans cette leçon, ils vont apprendre à utiliser une stratégie visant à faire un schéma pour avoir une vue d'ensemble du contenu de leur texte. On l'appelle « Aperçu ». C'est un peu comme quand on demande l'aperçu d'un document à l'ordinateur avant de l'imprimer.

Déroulement

Première partie : Modelage de l'utilisation du schéma comme stratégie pour avoir un aperçu de son texte

■ Montrez au rétroprojecteur la fiche 6.1 décrivant la situation de communication « Ma propre chambre ». Ensemble, rappelez-en les détails en vous basant sur la fiche montrée au rétroprojecteur.

■ Expliquez aux élèves que vous allez leur montrer la stratégie « Aperçu » et que vous attendez leurs suggestions pendant le modelage. Ensuite, ils essaieront eux-mêmes la stratégie pour continuer à faire la planification de leur propre texte.

■ Commencez le modelage de l'utilisation de la stratégie du schéma. Pour cela, montrez d'abord, à l'aide du rétroprojecteur, le transparent 8.2 sur lequel vous avez noté des idées lors du modelage de la leçon précédente. Transcrivez ces idées dans le schéma dessiné au tableau, après avoir sélectionné les trois meilleures raisons.

■ Une fois le travail de sélection de raisons et de transcription terminé, invitez les élèves à faire des suggestions pour compléter le schéma. Ce dernier doit en effet avoir des parties vides correspondant aux phrases de conclusion des paragraphes du développement, à l'introduction et à la conclusion générale du texte. Pour préparer le modelage, vous pouvez vous inspirer du scénario de la page suivante.

■ Quand vous aurez terminé le modelage, reproduisez le schéma et transcrivez les idées que vous aurez notées, car vous aurez besoin de ces notes pour la leçon 11.

Modelage Scénario pour la stratégie 5 « Aperçu »	« Aperçu » Exemples de phrases que l'enseignant prononce et de questions qu'il se pose pour montrer aux élèves ce qu'ils doivent se dire dans leur tête.
Quoi On commence en définissant la stratégie aux élèves.	« Je remplis le schéma du texte d'opinion pour avoir un aperçu de l'ensemble de mon texte, c'est-à-dire pour élaborer le plan de mon texte. Avant de commencer à écrire, je dois savoir quelles sont les idées de mon Arbre à l'envers que je vais mettre dans mon texte, et comment je vais les organiser.

Modelage Scénario pour la stratégie 5 «Aperçu»	«Aperçu» Exemples de phrases que l'enseignant prononce et de questions qu'il se pose pour montrer aux élèves ce qu'ils doivent se dire dans leur tête.
Pourquoi Les élèves ont souvent de la difficulté à voir comment toutes les parties de leur texte s'articulent. On fait valoir l'utilité de la stratégie de l'Aperçu en expliquant qu'elle aide à sélectionner les raisons les plus convaincantes et à les lier aux autres parties du texte d'opinion afin d'obtenir une vue d'ensemble du texte.	«Plus j'ai une idée précise du contenu de mon texte et des liens qui existent entre les parties et les composantes des paragraphes, plus il me sera facile d'écrire.»
Quand On indique aux élèves (ou on leur demande de trouver) dans quels contextes il serait pertinent de recourir à cette stratégie.	«Je fais un schéma avant d'écrire n'importe quel texte.»
Comment On transcrit les informations de l'Arbre à l'envers dans le schéma vide de l'Aperçu. Pour cela, on choisit avec les élèves les trois raisons les plus convaincantes de l'Arbre à l'envers. On demande aux élèves comment choisir : d'après la quantité de détails trouvés et leur pertinence relativement au destinataire.	
On inscrit ces raisons sur les lignes (1), (2) et (3) de la case d'introduction en notant en dernier la meilleure raison.	«Parmi les raisons que j'ai inscrites dans mon Arbre, quelles sont les trois plus convaincantes? Comment le savoir? Qu'est-ce que je sais sur ma mère? Qu'est-ce qui est dit d'elle dans la description de la situation? Qu'est-ce qui n'est pas dit mais que je sais d'elle? Je peux peut-être aussi revoir mes feuilles de stratégies... Est-ce que j'ai trouvé de bons détails pour convaincre ma mère? Je vais mettre la raison "Étudier" en dernier parce qu'elle est la plus convaincante. Je vais mettre la raison "Autonomie de mon frère" en deuxième et je vais mettre en premier "Ma propre autonomie" parce que ma mère va aimer ça.
On inscrit ensuite les raisons dans les trois cases des paragraphes, à côté de la lettre «R», pour «Raison».	«J'écris les trois raisons que j'ai choisies dans les trois cases des paragraphes de développement, sur le schéma, à côté du "R" qui signifie "Raison".»
Ensuite, on demande aux élèves de rappeler la signification de la lettre «D», qui est «Développement». On inscrit alors, dans les cases des paragraphes de développement, sous chaque raison, les détails qui se trouvent dans l'Arbre à l'envers.	«Dans les cases des paragraphes de développement, j'ai aussi un "D", qui signifie... [Les élèves donnent la réponse : Développement.] «À côté de chaque "D", je vais inscrire la même chose que dans les cases des détails de mon Arbre à l'envers.»

Modelage Scénario pour la stratégie 5 «Aperçu»	«Aperçu» Exemples de phrases que l'enseignant prononce et de questions qu'il se pose pour montrer aux élèves ce qu'ils doivent se dire dans leur tête.
Quand on a rempli les espaces pour les raisons et leurs détails, on passe aux autres parties. D'abord, on considère la case correspondant au titre. On indique que le titre doit correspondre à l'idée générale du texte tout en étant accrocheur. Pour ce faire, on peut soit remplir la case avec l'idée générale «Je devrais avoir ma chambre», soit attendre d'avoir précisé le contenu du texte.	«Pour le titre, je pense que je vais attendre de savoir tout ce qu'il y aura dans mon texte.»
On passe à la case de l'introduction et on écrit son opinion.	«Je recopie mon opinion inscrite sur le tronc de l'Arbre dans le rectangle qui se trouve dans l'introduction au-dessus des trois lignes.»
Ensuite, on considère les cases des paragraphes de développement et on demande aux élèves de rappeler la signification de la lettre «P» («Phrase de clôture»). On n'insiste pas là-dessus à cette étape-ci, car la phrase de clôture des paragraphes dépendra des phrases précédentes. Toutefois, si on a déjà une idée de la façon de terminer le paragraphe, on peut la noter.	«Toujours dans les cases des paragraphes de développement, il y a la lettre "P", qui signifie… [Les élèves donnent la réponse: Phrase de clôture.] Je vais peut-être attendre de voir comment mon paragraphe va se développer. Mais ça me rappelle que je dois trouver des idées pour conclure mes paragraphes. Pour le moment, je vais mettre un X à côté de la lettre.»
Enfin, on arrive à la case de la conclusion. On résume son opinion et ses raisons dans le premier rectangle. Mais, comme précédemment, on n'écrit dans le deuxième rectangle que si on a déjà une idée.	«J'arrive maintenant à la case de conclusion. Qu'est-ce que je vais écrire dedans pour commencer? Je vais attendre pour chercher une façon de faire une phrase d'ouverture, à la fin.» «Maintenant, j'ai une bonne vue d'ensemble de ce que sera mon texte. Je vais pouvoir commencer à écrire.»

Deuxième partie : Pratique guidée

■ Demandez aux élèves de se remettre avec leur coéquipier pour faire le schéma de leur texte en utilisant la stratégie que vous venez de leur montrer.

■ Demandez-leur de reprendre leur fiche 8.2 remplie lors de la leçon précédente.

■ Distribuez à chaque élève la fiche 9.1.

■ Rappelez aux élèves ce qu'ils ont à faire :

– Choisir dans l'Arbre de la fiche de stratégie 8.2 les trois meilleures raisons en pensant au destinataire ;

– Inscrire les raisons choisies dans le schéma de la fiche 9.1, à l'endroit approprié ;

– Compléter les cases du schéma correspondant aux paragraphes du développement avec les détails appuyant chaque raison ;

– Remplir les parties du schéma qui sont encore vides.

■ Précisez aux élèves qu'ils doivent discuter et se mettre d'accord sur les idées à inscrire dans le schéma, mais que chacun doit remplir son propre schéma. En effet, plus tard, ils vont se servir du schéma comme guide lors de la rédaction de leur texte. Or, la rédaction est individuelle.

■ Pendant le travail des élèves, surveillez, aidez, guidez, donnez de la rétroaction… Repérez en circulant des équipes qui font une sélection pertinente et raisonnée de raisons.

Conclusion

■ Demandez aux membres des équipes repérées d'expliquer à la classe ce qu'il s'est passé dans leur tête au moment de la sélection des trois meilleures raisons.

■ Demandez-leur aussi de parler des modifications éventuelles (ajout, suppression, déplacement, remplacement d'idées) qu'ils ont été amenés à faire au moment de remplir le schéma. Qu'est-ce qui a motivé ces changements ?

Leçon 10 Le développement des raisons

Durée approximative : 60 minutes

Tâche : Analyse de paragraphes de développement

Apprentissages visés :

■ Commencer à se représenter le processus de rédaction en se familiarisant avec trois stratégies visant à développer ses raisons sous forme de paragraphes de développement : « Donner un Exemple », « Votre Explication » et « Lancer une Objection » (= DÉ-VE-LOppement)

■ Apprendre des mots et des groupes de mots qui permettent d'introduire dans un paragraphe une explication, une concession et un exemple

■ Apprendre des mots et des groupes de mots qui permettent d'enchaîner les idées d'une phrase à l'autre

■ Continuer d'acquérir du vocabulaire pour pouvoir parler du texte d'opinion

Équipes : Les mêmes groupes de 2 élèves formés lors de la leçon 6

Matériel

■ Un rétroprojecteur et un feutre à encre effaçable

■ Par équipe de 2 élèves, une enveloppe contenant les parties découpées de la fiche 10.1 : *Deux paragraphes-puzzles à reconstituer* et les fiches suivantes :
  – 10.2 : *Le paragraphe-puzzle de Stéphane : une première façon de développer une raison*
  – 10.3 : *Le paragraphe-puzzle d'Alain : une première façon de développer une raison*

- Pour tous les élèves, une photocopie des fiches suivantes :
  - 9.1 : *Planification d'un texte d'opinion : stratégie 5 « Aperçu »* (remplie par l'élève)
  - 10.4 : *Rédaction d'un texte d'opinion : stratégie 6 « 3 façons de DÉ-VE-LO-pper et des mots pour aider »*
  - 10.7 : *RDP : une deuxième façon de développer une raison*
  - 10.8 : *RDP : une troisième façon de développer une raison*

- Pour la moitié des élèves, une photocopie des fiches suivantes :
  - 10.5 : *La raison de Stéphane*
  - 10.6 : *La raison d'Alain*

- Pour l'enseignant, un transparent des fiches prévues pour les élèves et les fiches suivantes :
  - 10.9 : *La raison de Stéphane (corrigé)*
  - 10.10 : *La raison d'Alain (corrigé)*
  - 10.11 : *RDP : une deuxième façon de développer une raison (corrigé)*
  - 10.12 : *RDP : une troisième façon de développer une raison (corrigé)*

Préparation

Avant de commencer la leçon :

Reproduisez la fiche 10.1 en un nombre d'exemplaires correspondant à la moitié de l'effectif de votre classe. Découpez les parties de chaque fiche et mettez-les dans une enveloppe.

Activation des connaissances

Demandez aux élèves de nommer la stratégie utilisée dans la leçon précédente et d'expliquer son utilité. Ils doivent répondre que cette stratégie « Aperçu » donne une vue d'ensemble du texte, sert à rappeler les éléments à incorporer dans le texte et guide le travail de rédaction.

Présentation des apprentissages visés

Dites aux élèves qu'ils ont appris toutes les stratégies de planification et qu'ils vont maintenant apprendre trois façons d'écrire des paragraphes convaincants.

Déroulement

Première partie : Analyse de deux paragraphes illustrant une première façon de développer une raison (« Lancer une Objection » ou la concession)

- Demandez aux élèves de rejoindre leur coéquipier.

- Distribuez à chaque équipe une enveloppe contenant les parties mêlées des deux paragraphes de la fiche 10.1.

- Dites aux élèves que leur tâche consiste à reconstituer correctement les deux paragraphes en s'appuyant sur ce qu'ils savent d'un bon paragraphe de développement.

- Quand toutes les équipes ont reconstitué les deux paragraphes, demandez à un élève de lire le paragraphe de Stéphane qu'il a obtenu. Pendant la lecture, les autres élèves vérifient s'ils sont arrivés au même résultat. Procédez de la même façon pour corriger le paragraphe d'Alain.

- Demandez ensuite à quelques élèves d'expliquer comment ils s'y sont pris pour savoir dans quel ordre placer les phrases. Normalement, ils se sont aidés de la combinaison de lettres RDP correspondant à la structure d'un paragraphe et du sujet abordé dans les paragraphes.

- Distribuez à chaque équipe les fiches 10.2 et 10.3. Chaque élève colle les morceaux de l'un des deux paragraphes sur la feuille correspondante.

- Distribuez à tous les élèves la fiche 10.4 (les élèves sont toujours par équipe de deux).

- Demandez aux élèves de reprendre la fiche 9.1 remplie lors de la leçon précédente.

- En montrant le transparent de la fiche 10.4 au rétroprojecteur, amenez les élèves à repérer les trois composantes principales RDP d'un paragraphe, qui apparaissent dans le schéma du texte d'opinion présenté à la fiche 9.1.

- Expliquez aux élèves que cette fiche (10.4) leur fournit des idées d'expressions pour développer les trois raisons de leur texte d'opinion. Invitez-les aussi à y ajouter les mots et expressions qu'ils rencontreront au fil de leurs lectures, de façon à en faire une banque d'expressions.

- Distribuez aux élèves qui ont collé les phrases du « paragraphe-puzzle d'Alain » (fiche 10.3) la fiche 10.5 intitulée « *La raison de Stéphane* ».

- À l'aide du transparent de la fiche 10.4, demandez aux élèves laquelle des trois façons Stéphane a utilisée pour développer sa raison. Écrivez la réponse sur le transparent de la fiche 10.5.

- En insistant sur l'idée de la confiance de Stéphane quant à sa capacité d'écouter tout le monde, guidez les élèves à travers les étapes proposées par la fiche 10.5. Pour ce faire, vous pouvez vous inspirer de la fiche 10.9 présentant un corrigé. Invitez les élèves à noter les réponses au fur et à mesure sur leur fiche 10.5.

- Distribuez la fiche 10.6 intitulée « *La raison d'Alain* » aux élèves qui ont collé les phrases du « paragraphe-puzzle de Stéphane » (fiche 10.2).

- Demandez aux élèves de remplir seuls la fiche 10.6 en procédant de la même façon que pour la « raison de Stéphane ».

- Faites une correction collective et notez les réponses sur le transparent de la fiche 10.6 que vous montrez à l'aide du rétroprojecteur. Pour vous aider, vous pouvez utiliser la fiche 10.10, qui présente un corrigé.

Deuxième partie: Analyse de deux paragraphes illustrant une deuxième façon de développer une raison (« Donner un Exemple »)

- Distribuez aux élèves la fiche 10.7 et demandez-leur de la lire seuls ou pour la classe, selon votre choix.

- Demandez ensuite aux élèves de nommer la stratégie utilisée par Stéphane et Alain pour développer leur raison et d'inscrire la réponse sur leur fiche, à l'endroit approprié. Pour les aider, suggérez-leur de reprendre leur fiche 10.4.

- Demandez-leur de nommer à voix haute la stratégie en question et notez la réponse sur le transparent de la fiche 10.7, à côté de la question 1.

■ Animez un échange sur les idées d'activités de Stéphane et sur les activités qu'Alain pourrait faire avec Antonio. Répondez avec les élèves aux questions 2, 3 et 4 en notant au fur et à mesure leurs idées sur le transparent 10.7. Pour vous aider à préparer cette activité, vous pouvez vous inspirer de la fiche 10.11, qui présente un corrigé.

■ Demandez aux élèves de noter les réponses aux questions 2, 3 et 4 sur leur fiche 10.7.

Troisième partie : Analyse de deux paragraphes illustrant une troisième façon de développer une raison (« Votre Explication »)

■ Distribuez aux élèves la fiche 10.8 et demandez-leur de la lire.

■ Procédez de la même façon que pour les deux stratégies précédentes, ou donnez cette activité comme devoir à faire à la maison. Vous pouvez vous inspirer de la fiche 10.12, qui présente un corrigé.

Conclusion

Demandez à quelques élèves d'expliquer comment, en développant leurs raisons dans un paragraphe, ils peuvent les rendre plus convaincantes. Ils doivent vous répondre qu'il faut développer l'idée principale ou la raison en évitant de sauter d'une idée à l'autre, en faisant des liens entre les idées et en se servant d'expressions particulières qui permettent d'assurer la continuité des idées. Ils diront aussi qu'il est utile de recourir à des stratégies telles que « Donner un Exemple », « Votre Explication » et « Lancer une Objection ».

Leçon 11 *L'enchaînement des idées*

Durée approximative : 50 minutes

Tâche : Transformer les détails notés dans les cases du schéma de l'Aperçu en ébauches de paragraphes où les idées s'enchaînent logiquement

Apprentissages visés :

■ Entamer le processus de rédaction en transformant les trois raisons sélectionnées et leurs détails en ébauches de paragraphes

■ Pouvoir choisir une stratégie de développement appropriée pour chaque raison

■ Pouvoir choisir des mots de liaison appropriés pour l'intérieur des paragraphes du développement et pour l'ensemble du texte

■ Continuer d'acquérir du vocabulaire pour pouvoir parler du texte d'opinion

Équipes : Pas d'équipes pour cette leçon ; travail individuel

- Un rétroprojecteur et un feutre à encre effaçable
- Pour tous les élèves, une photocopie des fiches suivantes :
  - 6.3 : *Premier projet de texte : choix de situations de communication*
  - 9.1 : *Planification d'un texte d'opinion : stratégie 5 «Aperçu»*
  - 10.4 : *Rédaction d'un texte d'opinion : stratégie 6 «3 façons de DÉ-VE-LO-pper et des mots pour aider»*
  - 11.1 : *Rédaction d'un texte d'opinion : stratégie 7 «La carte des 3 RDP»*
  - 11.2 : *Liste de mots de liaison*
- Pour l'enseignant, un transparent des fiches suivantes :
  - 6.1 : *Situation de communication : ma propre chambre*
  - 11.1 : *Rédaction d'un texte d'opinion : stratégie 7 «La carte des 3 RDP»*
  - 11.2 : *Liste de mots de liaison*
  - et les fiches suivantes :
  - 11.3 : *Rédaction d'un texte d'opinion : stratégie 7 «La carte des 3 RDP» (corrigé)*
  - 11.4 : *Exemple de texte pour le modelage de la rédaction*

Avant la leçon, reproduisez au tableau le schéma «Aperçu» de la fiche 9.1 et écrivez à l'intérieur les idées que vous avez notées lors du modelage de la leçon 9 à partir de la situation «Ma propre chambre».

Activation des connaissances

- Écrivez au tableau les lettres RDP et demandez aux élèves à quels mots elles correspondent : «**R**aison», «**D**éveloppement» et «**P**hrase de clôture».
- Demandez-leur ensuite d'expliquer à quoi correspondent les trois mots. Ils doivent vous répondre que ce sont les parties d'un paragraphe du développement. Amenez-les à parler de chaque partie et de sa fonction.
- Finalement, demandez-leur de nommer les trois stratégies de développement d'une raison qu'ils ont étudiées lors de la leçon précédente, et d'expliquer ce qui les distingue.

Présentation des apprentissages visés

Dites aux élèves que dans cette leçon, ils vont se servir des trois stratégies de développement d'une raison et apprendre à transformer les idées notées dans leur Aperçu en paragraphes cohérents, à l'aide d'une stratégie appelée «La carte des 3 RDP».

Première partie : Modelage de l'utilisation de la stratégie «La carte des 3 RDP»

- Montrez au rétroprojecteur la fiche 6.1 décrivant la situation de communication «Ma propre chambre». Ensemble, rappelez-en les détails.

- Dirigez leur attention vers le schéma que vous avez dessiné au tableau et rappelez-leur qu'il représente le plan de votre texte, que vous avez élaboré lors de la leçon 9 à partir de la situation « Ma propre chambre ».

- Amenez les élèves à remarquer que les détails notés dans les cases du schéma représentant les paragraphes du développement se présentent sous la forme d'une liste d'idées juxtaposées qu'il va falloir, pour être convaincant, transformer en un enchaînement logique d'idées.

- Expliquez aux élèves que vous allez faire cette transformation devant eux en utilisant la stratégie de « La carte des 3 RDP ». Par la suite, ils pourront essayer cette stratégie pour leur propre texte.

- Précisez qu'en plus de « La carte des 3 RDP », deux outils vont être très utiles pour réaliser la transformation : la fiche 10.4, qu'ils connaissent déjà et qui présente les trois façons de développer une raison, et la fiche 11.2, qui est nouvelle pour eux et qui propose une liste de mots de liaison. Montrez-leur le transparent de ces deux fiches à l'aide du rétroprojecteur et discutez avec eux de leur utilité.

- Commencez le modelage de l'emploi de « La carte des 3 RDP » à partir du transparent de la fiche 11.1 et des idées notées dans les cases du schéma du tableau représentant les paragraphes du développement. Pour préparer ce modelage, vous pouvez vous inspirer des fiches 11.3 et 11.4 et du scénario ci-dessous.

- Quand vous aurez terminé le modelage, conservez bien le transparent de la fiche 11.1 avec les notes que vous y aurez inscrites, car vous en aurez besoin pour la leçon suivante.

Modelage Scénario pour la stratégie 7 « La carte des 3 RDP »	**« La carte des 3 RDP »** Exemples de phrases que l'enseignant prononce et de questions qu'il se pose pour montrer aux élèves ce qu'ils doivent se dire dans leur tête.
Quoi On commence en définissant la stratégie aux élèves.	« Grâce à l'Aperçu que j'ai fait, j'ai une idée de l'ensemble de mon texte. Ce que je dois faire maintenant, c'est choisir une bonne stratégie de développement pour chaque raison, pour parler de la même idée du début à la fin de chaque paragraphe. Ensuite, je dois imaginer la progression du raisonnement en utilisant des mots de liaison appropriés. Je vais donc construire une carte de mes 3 RDP, une carte de mes trois paragraphes de développement. »
Pourquoi Dans les paragraphes du développement, les élèves ont de la difficulté à transformer les idées notées dans leur plan en phrases qui s'enchaînent logiquement. La stratégie « La carte des 3 RDP » leur permet de passer du schéma-plan à la linéarité du texte.	« Plus mon raisonnement sera clair pour chaque raison développée, plus je serai convaincant. »

Modelage Scénario pour la stratégie 7 « La carte des 3 RDP »	**« La carte des 3 RDP »** Exemples de phrases que l'enseignant prononce et de questions qu'il se pose pour montrer aux élèves ce qu'ils doivent se dire dans leur tête.
Quand On indique aux élèves (ou on leur demande) dans quels contextes il serait pertinent de recourir à cette stratégie.	« J'utilise cette stratégie chaque fois que je veux que mon destinataire change d'avis. Pour le convaincre, je ne peux me contenter de lui dire ce que je veux. Je dois bien expliquer mes raisons. Par exemple, si je veux que ma mère m'autorise à avoir ma propre chambre, je dois lui montrer clairement pourquoi ça serait une bonne idée. »
Comment On inscrit chaque raison sur la première ligne pleine de la colonne correspondant à chaque paragraphe.	« Comme dans le schéma "Aperçu", je vais mettre la raison "je pourrais mieux étudier" en dernier, parce qu'elle est la plus convaincante. Je vais mettre la raison "l'autonomie de mon petit frère" en deuxième. Et je vais mettre en premier "ma propre autonomie". »
Pour la première raison, on inscrit l'expression de liaison « Tout d'abord » dans la case en pointillés.	« Comment ma mère va-t-elle savoir que je parle de ma première raison ? Je vais mettre "Tout d'abord" au début de ma phrase "R". »
On montre aux élèves comment déterminer la stratégie de développement qui convient le mieux à la raison inscrite dans le schéma et à ses détails.	« Qu'est-ce que je vais dire au sujet de "ma propre autonomie" ? Je vais donner des exemples. »
Avec les élèves, on imagine la progression du raisonnement en s'aidant des mots de liaison proposés dans les fiches 10.4 et 11.2. On écrit des éléments de ce raisonnement dans la partie « Pour développer ma première raison » sous forme de phrases courtes, des phrases-résumés qu'on étirera plus tard en ajoutant des détails.	« Mais il me semble que je dois expliquer un peu plus ce que je veux dire par "autonomie". J'ajoute une petite phrase commençant par "En effet". » « Maintenant, je peux donner mes exemples. "Faire le ménage" et "faire mon lit" conviennent mieux. Je fais donc deux phrases commençant par "Par exemple" et "Ensuite". »
On montre aux élèves comment procéder pour trouver une phrase de clôture, et dans la partie intitulée « Phrase de clôture », on note, si nécessaire, un mot de liaison sur la ligne pointillée et quelques idées pour synthétiser le paragraphe sur la ligne pleine.	« Qu'est-ce que je vais mettre comme phrase de clôture ? Si je relis ma raison et les détails que j'ai mis à l'intérieur de mon paragraphe, je vois que je dois rappeler l'idée de mon autonomie et montrer quel serait le résultat d'avoir ma propre chambre. J'utilise donc le mot "Ainsi" pour commencer ma phrase de clôture. »
Pour la deuxième raison, on inscrit l'expression de liaison « Ensuite » dans la case en pointillés.	« Maintenant, je vais parler de ma deuxième raison : l'autonomie de mon petit frère Jojo. Comment ma mère va-t-elle savoir que je parle d'une autre raison ? Je commence un nouveau paragraphe et je mets "Ensuite" au début de ma phrase "R". »

>

Modelage Scénario pour la stratégie 7 «La carte des 3 RDP»	«La carte des 3 RDP» Exemples de phrases que l'enseignant prononce et de questions qu'il se pose pour montrer aux élèves ce qu'ils doivent se dire dans leur tête.
On montre aux élèves comment déterminer la stratégie de développement qui convient le mieux à la raison inscrite dans le schéma et à ses détails.	«Ma mère ne va pas vouloir que mon frère reste seul. Peut-être que je peux me servir de la stratégie "Lancer une Objection". Qu'est-ce qu'elle dirait? Elle dirait qu'il a peur quand je ne suis pas là. Qu'est-ce que, moi, je peux dire? "Il est vrai que Jojo a peur. Mais il a sept ans maintenant; il est temps qu'il surmonte sa peur."»
Avec les élèves, on imagine la progression du raisonnement en s'aidant des mots de liaison proposés par les fiches 10.4 et 11.2. On écrit des éléments de ce raisonnement dans la partie «Pour développer ma deuxième raison».	«Je devrais expliquer un peu plus pourquoi ce serait bon pour lui d'être seul. Je peux dire qu'il apprendra des choses.»
On montre aux élèves comment procéder pour trouver une phrase de clôture, et dans la partie intitulée «Phrase de clôture» on note, si nécessaire, un mot de liaison sur la ligne pointillée et quelques idées pour synthétiser le paragraphe sur la ligne pleine.	«En me relisant, j'ai l'impression qu'il manque quelque chose à la fin. Je vais ajouter que ça sera bon pour lui d'apprendre à se prendre en main.»
Pour la troisième raison, on inscrit le mot de liaison «Enfin» dans la case en pointillés.	«Maintenant, j'arrive à ma troisième raison: je pourrais mieux étudier. Je vais commencer le paragraphe par "Enfin", puis je vais énoncer ma raison.»
On montre aux élèves comment déterminer la stratégie de développement qui convient le mieux à la raison inscrite dans le schéma et à ses détails. Avec les élèves, on imagine la progression du raisonnement en s'aidant des mots de liaison proposés par les fiches 10.4 et 11.2. On écrit des éléments de ce raisonnement dans la partie «Pour développer ma troisième raison».	«Quand je regarde mes détails, je vois que ce sont des choses qui expliquent à ma mère pourquoi je pourrais mieux étudier. Je dois donc utiliser la stratégie "Votre Explication". Je regarde les détails de ma troisième raison. Comment est-ce que je peux les mettre ensemble, les relier? Je peux d'abord expliquer le problème, puis parler de la solution. Je ne pense pas avoir besoin de mots de liaison ici.»
On montre aux élèves comment procéder pour trouver une phrase de clôture, et dans la partie intitulée «Phrase de clôture» on note, si nécessaire, un mot de liaison sur la ligne pointillée et quelques idées pour synthétiser le paragraphe sur la ligne pleine.	«Qu'est-ce que je vais mettre comme phrase de clôture pour ce paragraphe? Je peux revenir à l'idée de départ en parlant du résultat: si je peux mieux étudier, j'aurai de meilleures notes à l'école.»

Deuxième partie : Pratique guidée

- Distribuez à tous les élèves les fiches 11.1 et 11.2.

- Demandez aux élèves de reprendre leur fiche 6.3 présentant les situations de communication, leur fiche 9.1 comportant le schéma rempli lors de la leçon 9 et leur fiche 10.4 proposant des mots de liaison pour les trois façons de développer une raison.

■ Dites-leur de remplir leur fiche de stratégie 11.1 sur « La carte des 3 RDP » en raisonnant comme vous l'avez fait devant eux et en suivant trois étapes :

1) choisir les mots de liaison appropriés pour le début de chaque paragraphe et les noter dans l'espace réservé à cet effet ;

2) à partir des idées notées dans le schéma « Aperçu », choisir et exploiter une stratégie de développement pour chaque raison ;

3) choisir des mots de liaison et des expressions argumentatives pour marquer la progression du raisonnement et les noter à l'intérieur des paragraphes du développement.

■ Pendant le travail des élèves, surveillez, aidez, guidez, donnez de la rétroaction…

■ Repérez en circulant ceux qui réussissent bien les trois opérations.

Conclusion

Demandez aux élèves repérés d'expliquer à l'ensemble de la classe comment ils s'y sont pris pour choisir leurs stratégies de développement et les mots ou expressions appropriés marquant la structure générale du texte et la progression du raisonnement à l'intérieur des paragraphes du développement. Encouragez-les à parler des difficultés qu'ils ont rencontrées et des solutions qu'ils ont trouvées.

Leçon 12 *La rédaction à partir du plan*

Durée approximative : 60 minutes

Tâche : Transformer les bribes d'idées et de phrases notées dans le schéma « Aperçu » et dans la Carte des 3 RDP en phrases complètes s'enchaînant logiquement dans des paragraphes cohérents

Apprentissages visés :

■ Continuer à se familiariser avec le processus de rédaction d'un texte d'opinion grâce au modelage interactif fait par l'enseignant

■ Apprendre à rédiger un brouillon de son texte à partir des notes prises et des schémas remplis aux étapes précédentes

■ Continuer d'acquérir du vocabulaire pour pouvoir parler du texte d'opinion

Équipes : Pas d'équipes pour cette leçon ; travail individuel

Matériel

■ Un rétroprojecteur et un feutre à encre effaçable

■ Pour tous les élèves, une photocopie des fiches suivantes :

– 6.3 : *Premier projet de texte : choix de situations de communication*

– 9.1 : *Planification d'un texte d'opinion : stratégie 5 « Aperçu »* (remplie par l'élève)

- 11.1 : *Rédaction d'un texte d'opinion : stratégie 7 « La carte des 3 RDP »* (remplie par l'élève)
- 11.2 : *Liste de mots de liaison*
- 12.1 : *Liste d'expressions pour donner son opinion*

■ Pour l'enseignant, un transparent des fiches suivantes :
- 6.1 : *Situation de communication : ma propre chambre*
- 9.1 : *Planification d'un texte d'opinion : stratégie 5 « Aperçu »* (remplie par l'enseignant)
- 11.1 : *Rédaction d'un texte d'opinion : stratégie 7 « La carte des 3 RDP »* (remplie par l'enseignant)

et la fiche suivante :
- 11.4 : *Exemple de texte pour le modelage de la rédaction*

Préparation

Activation des connaissances

Rapidement, demandez aux élèves de rappeler l'utilité de la stratégie « La carte des 3 RDP ».

Présentation des apprentissages visés

Dites aux élèves que dans cette leçon, ils vont apprendre à rédiger un brouillon de texte d'opinion en se servant des schémas qu'il ont élaborés.

Déroulement

Première partie : Modelage de la rédaction d'un brouillon à partir de fiches outils

■ Projetez le transparent 6.1 sur la situation de communication. Expliquez aux élèves qu'après les étapes préparatoires, il est maintenant temps de passer à la rédaction proprement dite du texte d'opinion. Dites-leur que vous allez maintenant rédiger avec leur aide un brouillon de texte correspondant à la situation de communication « Ma propre chambre », à partir des schémas que vous avez élaborés. Ensuite, ce sera à leur tour de rédiger leur brouillon, en se rappelant ce qu'ils ont fait avec vous.

■ Commencez le modelage du processus de rédaction. Laissez les élèves travailler avec vous, sollicitez leur aide, posez-leur des questions. Pour préparer le modelage, vous pouvez vous inspirer de la fiche 11.4 et du scénario présenté ci-dessous.

■ Avant de commencer le modelage, distribuez aux élèves la fiche 12.1.

Modelage Scénario pour la stratégie 8 « Appui sur le plan »	« Appui sur le plan » Exemples de phrases que l'enseignant prononce et de questions qu'il se pose pour montrer aux élèves ce qu'ils doivent se dire dans leur tête.
Quoi On commence en définissant la stratégie.	« Maintenant, je suis prêt à écrire tout mon texte en faisant des phrases complètes. Pour m'aider, je vais me servir de mon schéma "Aperçu" et de ma Carte des 3 RDP déjà remplis. Les fiches 11.2 "Liste de mots de liaison" et 12.1 "Liste d'expressions pour donner son opinion", me seront également utiles. »
Pourquoi Les élèves peu habiles en écriture ont tendance, quand ils font un plan, à ne pas s'y référer systématiquement au moment de la rédaction.	« Grâce à mes schémas de planification, je vais pouvoir me rappeler les idées que je dois mettre dans chaque partie de mon texte et l'ordre dans lequel je dois les présenter. Mon schéma "Aperçu" va m'aider à me souvenir des idées qui doivent aller dans l'introduction et dans la conclusion, et ma Carte des 3 RDP va me permettre de me rappeler les idées des paragraphes du développement. »
Quand On indique aux élèves (ou on leur demande de trouver) dans quels contextes il serait pertinent de recourir à cette stratégie.	« Je suis la même démarche chaque fois que je dois écrire un texte. »
Comment D'abord, on prend le schéma « Aperçu » rempli au préalable et on regarde les idées notées dans la case correspondant à l'introduction. On se demande comment transformer son opinion et ses raisons en phrases complètes qui s'enchaînent logiquement.	« Qu'est-ce que j'ai mis dans mon schéma pour mon introduction ? » « Comment vais-je exprimer mon opinion en une phrase ? Quelle expression est-ce que je pourrais utiliser ? La liste d'expressions pour exprimer mon opinion pourrait peut-être m'être utile. Je pourrais dire "À mon avis…" ou "Selon moi…". » « Et après, qu'est-ce que je fais ? » « Est-ce que ça coule bien quand je me relis ? » « Est-ce qu'il manque quelque chose ? » « Est-ce qu'il faut ajouter quelque chose ? »
Ensuite, on prend la Carte des 3 RDP, remplie au préalable, et on revoit les idées et les bribes de phrases notées dans la colonne intitulée « Paragraphe 1 » en ce qui a trait à la raison, au développement de cette raison et à la phrase de clôture. On se demande comment transformer tous ces éléments en phrases complètes qui s'enchaînent logiquement. On procède de la même façon avec les deux autres paragraphes.	« Maintenant que j'ai rédigé mon introduction, je vais prendre ma Carte des 3 RDP pour me rappeler les idées que j'avais inscrites dans les paragraphes du développement et les mots de liaison que j'avais choisis pour marquer le passage d'une raison à une autre ou pour indiquer mon raisonnement. » « Qu'est-ce que je dois faire ou écrire pour indiquer à ma mère que je parle ici de ma première raison ? » « Qu'est-ce que je mets dans la première phrase ? »

Modelage Scénario pour la stratégie 8 «Appui sur le plan»	«Appui sur le plan» Exemples de phrases que l'enseignant prononce et de questions qu'il se pose pour montrer aux élèves ce qu'ils doivent se dire dans leur tête.
	«Qu'est-ce que je fais après?» «Quel est le lien entre mes détails et ma raison?» «Quelle stratégie de développement est-ce que j'ai choisi d'utiliser ici?» «Quels mots de liaison est-ce que j'ai décidé d'utiliser pour le montrer?» «Comment est-ce que peux enchaîner ces deux phrases?» «Comment est-ce que j'ai décidé de conclure mon paragraphe?» «Quelles phrases est-ce que ça donne?» «Est-ce que ça coule bien quand je me relis?» «Est-ce qu'il manque quelque chose?» «Est-ce qu'il faut ajouter quelque chose?» «Est-ce que ma phrase de clôture va bien avec l'idée générale du paragraphe?» «Qu'est-ce que je fais pour indiquer à ma mère que je vais parler de ma deuxième raison?» (On reprend les questions données pour le premier paragraphe).
Finalement, on reprend le schéma «Aperçu» et on revoit les idées notées dans la case correspondant à la conclusion quant au résumé de l'opinion et des raisons, et à l'ouverture. On se demande comment les transformer en phrases complètes qui s'enchaînent logiquement.	«Maintenant que j'ai rédigé mes paragraphes du développement à l'aide de ma Carte des 3 RDP, je vais reprendre mon schéma "Aperçu" pour voir les idées que j'ai notées dans la conclusion.» «Qu'est-ce que j'ai mis dans mon schéma pour ma conclusion?» «Quel mot de liaison est-ce que je peux utiliser pour commencer ma première phrase?» «Comment est-ce que je termine?» «Je vais relire le tout pour vérifier que mes idées coulent bien.»

Deuxième partie : Pratique guidée

- Distribuez aux élèves la fiche 12.1 proposant des expressions pour donner son opinion.

- Demandez aux élèves de prendre leurs outils de travail: la fiche 6.3: *Premier projet de texte: choix de situations de communication*, la fiche 9.1: *Planification d'un texte d'opinion: stratégie 5 «Aperçu»* (qu'ils ont eux-mêmes remplie), la fiche 11.1: *Rédaction d'un texte d'opinion: stratégie 7 «La carte des 3 RDP»* (qu'ils ont eux-mêmes remplie) et la fiche 11.2: *Liste de mots de liaison*.

- Expliquez-leur que leur tâche consiste à transformer les bribes d'idées et de phrases notées dans leur schéma «Aperçu» et dans leur Carte des 3 RDP en phrases complètes formant des paragraphes cohérents, et finalement en texte complet.

- Rappelez-leur qu'il s'agit là d'écrire un brouillon. Ils ne doivent donc pas avoir peur de modifier leur texte en ajoutant, en remplaçant, en déplaçant ou en supprimant des idées en cours de route.

- Pendant le travail des élèves, surveillez, aidez, guidez, donnez de la rétroaction… Repérez en circulant les élèves qui progressent bien, qui font un travail intéressant.

Conclusion

- Demandez aux élèves que vous avez repérés d'expliquer à l'ensemble de la classe comment ils s'y sont pris pour passer de l'Aperçu et de la Carte des 3 RDP à un texte constitué de phrases complètes s'enchaînant bien. Qu'ont-ils dû ajouter, par exemple? Quelles modifications ont-ils dû faire?

- À la fin de cette leçon, nous vous suggérons de ramasser les brouillons des élèves afin de leur fournir une rétroaction individuelle sur l'un de leurs paragraphes. Ils pourront ainsi y apporter les modifications nécessaires au cours de la prochaine leçon. Pour responsabiliser les élèves, demandez-leur de vous indiquer le paragraphe sur lequel ils souhaiteraient avoir vos commentaires.

- Voici trois conseils pour que votre rétroaction soit efficace :
  1) commencez toujours par un commentaire personnel positif ;
  2) axez vos commentaires sur le sens et assurez-vous qu'ils sont liés aux objectifs que vous cherchez à atteindre ;
  3) donnez à l'élève une tâche de révision spécifique.

Exemple :

Cher Untel,

J'ai lu ton texte sur ton ami qui déménage en Australie. J'aime la bonne organisation de tes idées en cinq paragraphes bien distincts, car cela rend ton texte facile à lire. Continue ton bon travail!

Maintenant, j'aimerais te suggérer un petit projet pour améliorer ton troisième paragraphe : pourrais-tu le récrire en expliquant les avantages, pour ton amie, là-bas en Australie, de garder un contact régulier avec toi?

Merci et bonne chance!

(Nom de l'enseignant)

Leçon 13 La révision / récriture d'un paragraphe

> **Durée approximative :** 50 minutes
>
> **Tâche :** Améliorer son texte en récrivant un de ses paragraphes
>
> **Apprentissages visés :**
>
> - Commencer à se familiariser avec le processus de révision d'un texte d'opinion
>
> - Apprendre à déterminer les faiblesses d'un de ses paragraphes et à récrire le paragraphe
>
> - Utiliser le vocabulaire appris pour juger son texte d'opinion et en parler
>
> **Équipes :** Pas d'équipes pour cette leçon ; travail individuel

Matériel

- Un rétroprojecteur et un feutre à encre effaçable

- Pour tous les élèves, une photocopie des fiches suivantes :
  - 13.1 : *Oups ! Aide-moi à améliorer mon paragraphe !*
  - 13.2 : *Liste de signes pour la révision*
  - 13.3 : *Grille de vérification d'un paragraphe de développement* et les brouillons des élèves avec la note de rétroaction sur un de leurs paragraphes

- Pour l'enseignant, un transparent des fiches prévues pour les élèves

Préparation

Avant de commencer la leçon, préparez pour chaque élève un commentaire concernant un des paragraphes du brouillon écrits lors de la leçon précédente.

Activation des connaissances

- Rapidement, demandez à quelques élèves de lire un paragraphe de leur texte brouillon. Pendant la lecture, les autres élèves écoutent dans le but de déterminer les forces de ce paragraphe et d'en faire part à l'auteur.

- Voici quelques exemples de commentaires pertinents que les élèves pourraient faire : « Tu as bien expliqué ton idée. » « Tu as donné de bons exemples. » « C'est clair et facile à comprendre, car tes idées sont bien organisées et s'enchaînent bien. » « Tu fournis des détails intéressants pour appuyer ta raison. » « J'aime beaucoup quand tu dis … car … », etc.

Présentation des apprentissages visés

Dites aux élèves que dans cette leçon, ils vont apprendre à se relire, à détecter les faiblesses d'un de leurs paragraphes et à récrire le paragraphe en question pour l'améliorer.

Première partie : Examen par les élèves d'un paragraphe rédigé par l'enseignant

■ Annoncez aux élèves que vous avez terminé la rédaction de votre texte «Ma propre chambre», mais que vous doutez de la qualité du dernier paragraphe. Vous aimeriez donc qu'ils vous fassent des suggestions.

■ Distribuez à tous les élèves la fiche 13.1 et donnez-leur le temps nécessaire pour formuler des suggestions par écrit en se rappelant ce qu'ils ont appris sur les caractéristiques d'un bon paragraphe.

■ Demandez à quelques élèves de partager une de leurs suggestions, celle qui, à leur avis, est la plus importante.

■ Dites aux élèves que vous allez maintenant les aider à découvrir les faiblesses du texte et ensuite, vous fonder sur leurs commentaires pour récrire avec eux le paragraphe en question.

Deuxième partie : Évaluation et récriture du paragraphe par l'enseignant, en collaboration avec les élèves

■ Montrez au rétroprojecteur le transparent de la fiche 13.1.

■ Lisez le paragraphe à voix haute et demandez aux élèves de repérer le problème qui leur semble le plus important en se basant sur les notes qu'ils viennent de prendre sur leur fiche 13.1. (Ils devraient vous répondre que, dans le paragraphe que vous avez écrit, vous passez d'une idée à l'autre sans faire de liens, ce qui rend le texte difficile à comprendre.)

■ Poursuivez en disant que vous ne comprenez pas leur remarque, car vous avez employé plusieurs mots de liaison. Encerclez tous les mots de liaison et, pour chacun d'eux, demandez aux élèves s'il est bien employé. Amenez-les à remarquer que :

   – «Enfin» est un mot de liaison employé de façon appropriée, car il sert à présenter la dernière raison.

   – «Et pourtant» est une expression qui n'est pas employée de façon appropriée, car elle unit deux choses tout en les opposant. Or, ici, il n'y a qu'un seul élément en jeu.

   – «Pour conclure» est une expression qui n'est pas employée de façon appropriée, car elle doit être utilisée à la fin d'un texte complet plutôt qu'à la fin d'un des paragraphes du texte.

■ Après avoir terminé l'examen des mots de liaison, relisez la deuxième, la troisième et la quatrième phrase du paragraphe. Dites aux élèves que vous sentez que quelque chose cloche dans ces trois phrases, mais que vous ne savez pas exactement quoi. (Ils devraient vous répondre que vous avez oublié de bien exprimer le rapport logique entre les idées.) En leur posant des questions telles que «Quel est le lien entre le fait d'avoir de meilleures notes et la concentration ?» ou «Quel est le lien entre le fait de pouvoir mieux se concentrer et la tranquillité ?», amenez-les à remarquer qu'«avoir de meilleures notes» est la conséquence d'une «meilleure concentration» qui, elle-même, découle du fait que vous serez plus tranquille, car Jojo ne sera plus là pour vous déranger.

■ Une fois ce problème d'enchaînement logique relevé, passez à celui d'une idée demeurée implicite en dirigeant l'attention des élèves vers la phrase : « Jojo ne me dérangerait plus ». Demandez aux élèves ce qui ne va pas dans cette phrase. (Ils devraient vous répondre qu'il faudrait donner des exemples de ce que fait Jojo qui vous empêche de vous concentrer.)

■ Dirigez maintenant leur attention vers les mots « Meilleure concentration » et demandez-leur de trouver le problème. (Ils devraient vous répondre que ce n'est pas une phrase complète, car il n'y a pas de verbe.)

■ Finalement, dirigez leur attention vers un problème de répétition en demandant à un élève de lire la première et la dernière phrase. Soulignez les mots « mieux étudier » dans les deux phrases pour faire ressortir la répétition de la même idée.

■ Maintenant que vous avez terminé l'évaluation critique du paragraphe, récrivez-le au tableau, en collaboration avec les élèves, en essayant de remédier aux faiblesses que vous venez de repérer. Utilisez devant eux les signes de révision de la fiche 13.2 pour faire des modifications à votre texte.

■ Puisque la première phrase du paragraphe ne pose pas de problème, recopiez-la telle quelle au tableau. Pour développer cette idée principale, en ajoutant plusieurs phrases complètes qui s'enchaînent bien, et pour rédiger la phrase de conclusion, inspirez-vous des exemples de questions ci-dessous.

– « Pourquoi est-ce que je pourrais mieux étudier si j'avais ma propre chambre ? »

– « De quelle façon est-ce que Jojo m'empêche d'étudier ? »

– « Qu'est-ce qu'il fait exactement ? »

– « Comment est-ce que je peux relier ces deux phrases ? »

– « Est-ce que cette phrase est complète ? »

– « Est-ce que je me répète ? »

– « Est-ce qu'en développant ma raison, je garde bien la même idée ? »

– « Quelle phrase de conclusion est-ce que je pourrais écrire pour reprendre l'idée générale du paragraphe sans me répéter ? »

■ Lorsque le travail de récriture est terminé, relisez une dernière fois le paragraphe à voix haute. Montrez aux élèves comment juger le paragraphe en vous fondant sur le transparent de la fiche 13.3 montré à l'aide du rétroprojecteur.

Troisième partie : Récriture par les élèves d'un de leurs paragraphes

■ Expliquez aux élèves que c'est maintenant à leur tour de réviser et de récrire un de leurs paragraphes en se posant des questions et en utilisant les signes de révision.

■ Distribuez-leur la fiche 13.2 et le brouillon de leur texte accompagné de votre commentaire leur suggérant un projet de révision. Donnez-leur le temps nécessaire pour effectuer le travail.

■ Quand tous les élèves ont terminé, distribuez-leur la fiche 13.3 : *Grille de vérification d'un paragraphe de développement* et demandez-leur de s'en servir pour leur paragraphe révisé.

- Demandez aux élèves de choisir un coéquipier. Chaque élève doit lire à l'autre son paragraphe révisé et lui expliquer un changement qu'il a apporté à la première version.

- Demandez aux élèves de finir le brouillon de leur texte avant la prochaine leçon.

Leçon 14 La révision d'un paragraphe

Durée approximative : 50 minutes

Tâche : Utiliser une stratégie de révision pour vérifier la continuité thématique dans les paragraphes du développement

Apprentissages visés :

- Utiliser une stratégie de révision pour vérifier qu'on ne s'est pas écarté du sujet principal (ou de la raison) des paragraphes du développement

- Porter un jugement sur son texte d'opinion

- Utiliser le vocabulaire appris pour parler de son travail

Équipes : Pas d'équipes pour cette leçon ; travail individuel

Matériel

- Un rétroprojecteur et des feutres à encre effaçable

- Pour tous les élèves, deux photocopies de la fiche suivante :
  - 14.1 : *Révision d'un texte d'opinion : stratégie 9 « À l'écoute des échos »*
  et une photocopie de la fiche suivante :
  - 2.6a : *Discours de Stéphane*

- Pour l'enseignant, un transparent des fiches suivantes :
  - 14.1 : *Révision d'un texte d'opinion : stratégie 9 : « À l'écoute des échos »*
  - 2.6a : *Discours de Stéphane*
  et les fiches suivantes :
  - 14.2 : *Révision d'un texte d'opinion : stratégie 9 : « À l'écoute des échos »* (corrigé)
  - 14.3 : *Grille d'évaluation d'un paragraphe de développement* (une photocopie par élève)

Préparation

Activation des connaissances

Demandez aux élèves de rappeler les caractéristiques d'un bon paragraphe de développement. Amenez-les à reconnaître combien il est important de ne pas s'écarter du sujet principal (la raison) du paragraphe.

Présentation des apprentissages visés

Dites aux élèves que dans cette leçon, ils vont apprendre à utiliser une nouvelle stratégie qui va les aider à vérifier qu'ils sont bien restés dans le sujet quand ils ont développé leurs raisons en faisant leur brouillon.

Première partie : Modelage d'une stratégie visant à vérifier la continuité thématique

Avant de commencer le modelage, demandez aux élèves de reprendre leur fiche 2.6a. Distribuez-leur aussi une copie de la fiche 14.1. Dites-leur qu'ils vont bientôt pouvoir utiliser cette stratégie pour vérifier leur brouillon, mais que vous allez d'abord leur montrer comment procéder. Pour préparer ce modelage, vous pouvez vous inspirer de la fiche 14.2, qui présente un corrigé, et du scénario ci-dessous.

Modelage Scénario pour la stratégie 9 « À l'écoute des échos »	**« À l'écoute des échos »** Exemples de phrases que l'enseignant prononce et de questions qu'il se pose pour montrer aux élèves ce qu'ils doivent se dire dans leur tête.
Quoi On commence en définissant la stratégie aux élèves. On projette le transparent de la fiche 14.1 et on explique aux élèves la métaphore des échos en précisant que le bruit dont parle la fiche correspond à la raison énoncée au début du paragraphe et les échos réfèrent aux mots qui, dans le paragraphe, rappellent le sujet de cette raison.	« Je peux me servir de la stratégie "À l'écoute des échos" pour vérifier que je n'ai pas dévié du sujet en développant mes raisons. »
Pourquoi On fait valoir l'utilité de la stratégie en expliquant aux élèves que celle-ci permet de vérifier que tous les détails du développement sont bien liés au sujet de l'idée principale de la raison.	« Souvent, quand je rédige mes paragraphes de développement en m'appuyant sur mon plan, j'ajoute quelques idées pour expliquer davantage, mais ces nouvelles idées ne vont pas toujours avec le sujet de mon idée de départ ou de ma raison. »
Quand On indique aux élèves (ou on leur demande de trouver) dans quel contexte il serait pertinent de recourir à cette stratégie.	« Je le fais après avoir terminé mon brouillon quand j'écris un texte composé de paragraphes. »
Comment On projette le transparent 2.6a et on indique aux élèves qu'on va vérifier avec l'aide de la stratégie « À l'écoute des échos » si Stéphane a bien su développer ses trois paragraphes du développement, sans s'écarter de l'idée ou de la raison principale. Précisez qu'on va d'abord leur montrer comment utiliser la stratégie pour vérifier le premier paragraphe, qu'ensuite ils l'essaieront eux-mêmes avec les deux autres paragraphes et que finalement, ils pourront l'appliquer à leur propre brouillon.	« Cette fois-ci, pour vous montrer comment procéder, je vais utiliser le texte de Stéphane et non pas le mien au sujet de ma propre chambre. Je vais vérifier, à l'aide de ma stratégie "À l'écoute des échos", si Stéphane est bien resté dans le sujet en développant sa première idée principale ou sa première raison. »

Modelage Scénario pour la stratégie 9 « À l'écoute des échos »	« À l'écoute des échos » Exemples de phrases que l'enseignant prononce et de questions qu'il se pose pour montrer aux élèves ce qu'ils doivent se dire dans leur tête.
On lit le premier paragraphe du développement correspondant à la première raison.	« Quelle est la première raison de Stéphane ? »
Avec le feutre à encre effaçable, on inscrit dans la case « J'entends un bruit ! » la raison : « Des idées originales ». En même temps, les élèves écrivent la raison sur leur fiche 14.1. On encercle les mots ou groupes de mots dans le premier paragraphe du développement de la fiche 2.6a qui rappellent le sujet des « idées originales », et on les inscrit sur le transparent de la fiche 14.1 à l'intérieur des bulles figurant sous la rubrique « Des échos ». En même temps, les élèves inscrivent les réponses sur leur fiche 14.1.	« Maintenant, je vais essayer de trouver tous les mots du paragraphe qui font écho à la raison parce qu'ils rappellent l'idée selon laquelle Stéphane devrait être élu car il a plusieurs "idées originales". Je trouve que "projets", "carnaval", "superfête", "batailles d'eau", "journée H_2O" et "idées" sont tous des mots ou groupes de mots qui sont effectivement liés au sujet des idées originales. Stéphane a donc bien respecté son idée principale quand il a ajouté des détails pour appuyer sa raison. »

Deuxième partie : Utilisation par les élèves de la stratégie « À l'écoute des échos »

- Maintenant que les élèves savent comment procéder, demandez-leur de vérifier individuellement les deux autres paragraphes de développement du texte de Stéphane à l'aide de la stratégie et de noter leurs réponses au crayon à la mine sur leurs fiches.

- Faites une correction collective. Demandez aux élèves leurs réponses et notez celles qui sont correctes sur le transparent de la fiche 14.1. Dites-leur de vérifier et de corriger si nécessaire leurs réponses sur leur propre fiche.

- Distribuez aux élèves une autre fiche 14.1. Demandez-leur de reprendre leur brouillon, de relire leurs trois paragraphes de développement et de vérifier, à l'aide de la stratégie, qu'ils ne se sont pas écartés du sujet.

- Demandez à des volontaires de lire à la classe le paragraphe de leur choix, et aux autres de bien écouter et de décider si leurs amis sont bien restés dans le sujet de leur paragraphe. Invitez tous les élèves à partager leurs impressions.

- Une fois la discussion terminée, demandez aux élèves d'indiquer sur leur feuille un paragraphe de leur texte sur lequel ils aimeraient avoir un commentaire de votre part concernant la continuité thématique.

- Ramassez tous les textes afin de vérifier la continuité thématique dans le paragraphe choisi par chacun et d'en faire l'évaluation à l'aide de la fiche 14.3.

Leçon 15 *Deuxième projet de texte : la planification*

> **Durée approximative :** 60 minutes
>
> **Tâche :** Commencer à planifier un texte d'opinion à partir d'une nouvelle situation de communication
>
> **Apprentissages visés :**
>
> - Réutiliser, dans une nouvelle situation de communication et en faisant les adaptations nécessaires, les premières stratégies de planification apprises dans les leçons précédentes pour bien comprendre la situation de communication (« Examen à la loupe ») et pour chercher des idées en pensant au destinataire (« Deux bords, d'abord »)
> - Revenir sur sa démarche de planification
> - Utiliser le vocabulaire appris pour parler de son travail
>
> **Équipes :** Groupes hétérogènes (élèves forts, moyens et faibles) de 2 élèves

Matériel

- Un rétroprojecteur et des feutres à encre effaçable
- Pour tous les élèves, une photocopie des fiches suivantes :
  - 15.1 : *Deuxième projet de texte : choix de situations de communication* (ou une version adaptée de cette fiche)
  - 15.2 : *Feuille de route*
  - 6.2 : *Planification d'un texte d'opinion : stratégie 1 « Examen à la loupe »*[4]
  - 7.1 : *Planification d'un texte d'opinion : stratégie 2 « Deux bords, d'abord »*
  - 8.1 : *Planification d'un texte d'opinion : stratégie 3 « Raisons élastiques »*
  - 8.2 : *Planification d'un texte d'opinion : stratégie 4 « L'arbre à l'envers »*
  - 9.1 : *Planification d'un texte d'opinion : stratégie 5 « Aperçu »*
  - 10.4 : *Rédaction d'un texte d'opinion : stratégie 6 « 3 façons de DÉ-VE-LO-pper et des mots pour aider »*
  - 11.1 : *Rédaction d'un texte d'opinion : stratégie 7 « La carte des 3 RDP »*
  - 14.1 : *Révision d'un texte d'opinion : stratégie 9 « À l'écoute des échos »*
- Pour l'enseignant, un transparent des fiches suivantes :
  - 6.2 : *Planification d'un texte d'opinion : stratégie 1 « Examen à la loupe »*
  - 7.1 : *Planification d'un texte d'opinion : stratégie 2 « Deux bords, d'abord »*
  - 15.1 : *Deuxième projet de texte : choix de situations de communication*

et la fiche suivante :
  - 15.3 : *Questions pour revenir sur la démarche adoptée par les élèves*

---

4. Puisqu'il s'agit d'un nouveau projet, les fiches 6.2, 7.1, 8.1, 8.2, 9.1, 10.4, 11.1 et 14.1 doivent être vierges.

Avant de commencer la leçon :

- Comme il est crucial que les élèves écrivent sur des sujets qui les intéressent, nous vous suggérons de compléter la fiche 15.1 en rédigeant d'autres situations qui correspondront peut-être mieux à la réalité de vos élèves.

- Pour chacun des élèves, préparez un petit livret regroupant les fiches de stratégie (agrafez-les ensemble).

Activation des connaissances

Demandez aux élèves de citer les grandes étapes du processus de planification.

Présentation des apprentissages visés

Expliquez aux élèves l'importance de la pratique répétée pour acquérir et développer des habiletés. C'est pourquoi vous allez leur demander d'écrire d'autres textes. Ainsi, dans cette leçon, ils vont se pencher sur une nouvelle situation de communication et commencer à travailler sur un nouveau projet de texte. Cela va leur donner l'occasion de réutiliser les stratégies apprises.

Première partie : Choix d'un sujet

- Distribuez à tous les élèves la fiche 15.1 proposant un choix de situations de communication (ou une autre version de cette fiche mieux adaptée à la réalité de votre classe).

- Montrez la fiche 15.1 à l'aide du rétroprojecteur et lisez avec les élèves les textes qui décrivent les situations de communication. Animez une brève discussion sur les critères à prendre en considération pour choisir un sujet. Amenez les élèves à se rendre compte qu'il faut que le sujet les intéresse et qu'ils le connaissent suffisamment.

- Laissez aux élèves le temps nécessaire pour choisir un sujet.

- Pour susciter leur motivation, aidez les élèves à percevoir l'écriture de leur texte comme un acte de communication réel en leur parlant de la possibilité d'en publier la version finale dans le journal de l'école ou dans un autre média.

- Précisez-leur qu'ils auront trois ou quatre cours pour préparer et écrire leur texte et que, cette fois-ci, vous le noterez à la fin du processus.

Deuxième partie : Présentation de la « Feuille de route »

- Distribuez à tous les élèves la fiche 15.2 proposant une feuille de route et expliquez-en le fonctionnement. Cet outil sert à les guider dans leur travail de planification, de rédaction et de révision d'un texte en leur rappelant les différentes étapes à suivre et en les incitant à faire vérifier leur progression à chaque étape.

■ Expliquez aux élèves qu'ils vont travailler en partie avec un camarade puisqu'ils planifieront leur texte avec un coéquipier et qu'ils rédigeront seuls. Pour la révision, ils bénéficieront de votre aide. Indiquez qu'ils vont commencer à planifier leur texte en recourant aux deux premières stratégies qu'ils ont apprises et qui figurent sur la « Feuille de route » : « Examen à la loupe » et « Deux bords, d'abord ».

Troisième partie : Début de la planification avec un coéquipier

■ Demandez aux élèves de trouver un coéquipier qui a choisi le même sujet d'écriture ou, pour vous assurer que les équipes soient hétérogènes, jumelez vous-mêmes les élèves.

■ Distribuez à tous un livret de fiches de stratégie.

■ Laissez aux élèves le temps nécessaire pour réfléchir à leur situation de communication en se posant diverses questions, à partir des deux premières fiches de stratégie, et pour noter leurs idées.

■ Circulez, observez les élèves et donnez-leur de la rétroaction. En même temps, repérez deux équipes qui semblent particulièrement bien employer les stratégies enseignées.

■ À l'une des deux équipes, donnez le transparent de la fiche 6.2 et à l'autre, le transparent de la fiche 7.1 avec un feutre à encre effaçable pour écrire dessus. Demandez aux élèves de transcrire leurs notes sur le transparent pour parler de leur démarche à l'ensemble de la classe.

Conclusion

Demandez aux élèves à qui vous avez remis les transparents de venir les montrer au reste de la classe à l'aide du rétroprojecteur. Invitez-les à expliquer oralement leur démarche en vous inspirant des questions de la fiche 15.3. Encouragez les autres élèves à participer à la discussion en les interrogeant également sur leur manière de procéder et sur les difficultés qu'ils ont rencontrées.

Leçon 16 La planification (suite)

Durée approximative : 60 minutes

Tâche : Continuer à planifier un nouveau texte d'opinion à partir d'une nouvelle situation

Apprentissages visés :

■ Réutiliser, dans une nouvelle situation de communication et en faisant les adaptations nécessaires, les stratégies de planification visant à trouver des détails (« Raisons élastiques »), à regrouper ses idées (« L'arbre à l'envers ») et à avoir une vue d'ensemble de son texte (« Aperçu »)

■ Revenir sur sa démarche de planification

■ Utiliser le vocabulaire appris pour parler de son travail

Équipes : Les mêmes groupes de 2 élèves formés lors de la leçon 15

- Un rétroprojecteur et des feutres à encre effaçable
- Pour tous les élèves, une photocopie des fiches suivantes :
  - 15.1 : *Deuxième projet de texte : choix de situations de communication*
  - 15.2 : *Feuille de route*

  et le livret de fiches de stratégie préparé pour la leçon 15
- Pour l'enseignant, un transparent des fiches suivantes :
  - 8.1 : *Planification d'un texte d'opinion : stratégie 3 « Raisons élastiques »*
  - 8.2 : *Planification d'un texte d'opinion : stratégie 4 « L'arbre à l'envers »*
  - 9.1 : *Planification d'un texte d'opinion : stratégie 5 « Aperçu »*

  et la fiche suivante :
  - 15.3 : *Questions pour revenir sur la démarche adoptée par les élèves*

Activation des connaissances

Demandez aux élèves de reprendre leur livret de fiches de stratégie et leur feuille de route (fiche 15.2). À partir des fiches portant sur les stratégies 3, 4 et 5, animez une brève discussion sur l'utilité des stratégies, sur leurs ressemblances et leurs différences.

Présentation des apprentissages visés

Annoncez aux élèves qu'ils vont maintenant réutiliser les stratégies « Raisons élastiques », « L'arbre à l'envers » et « Aperçu » pour leur nouveau projet de texte, en les adaptant à la nouvelle situation de communication.

Poursuite de la planification avec un coéquipier :

- Demandez aux élèves de se remettre avec leur coéquipier.
- Laissez-leur le temps nécessaire pour exploiter les stratégies 3, 4 et 5 et remplir les fiches de leur livret, pour leur nouvelle situation de communication décrite dans la fiche 15.1. Rappelez-leur qu'il est important qu'ils se posent toute une série de questions en s'aidant des fiches.
- Circulez, observez les élèves et donnez-leur de la rétroaction. En même temps, repérez deux équipes qui semblent particulièrement bien employer les stratégies.
- Donnez à l'une des deux équipes le transparent de la fiche 8.1 et à l'autre, le transparent des fiches 8.2 et 9.1, et aux deux un feutre à encre effaçable pour écrire. Demandez aux élèves de transcrire leurs notes sur le transparent pour parler de leur démarche à l'ensemble de la classe.

- Demandez ensuite aux élèves ayant reçu et rempli le transparent des fiches 8.2 et 9.1 de venir présenter leur travail au rétroprojecteur. Invitez-les à parler de leur utilisation des stratégies en leur posant des questions. Inspirez-vous du questionnaire de la fiche 15.3.
- Conservez le transparent 9.1 rempli par les deux élèves qui ont présenté leur travail aux autres. Vous en aurez besoin pour la leçon suivante.

Leçon 17 *La rédaction*

Durée approximative: 60 minutes

Tâche: Transformer les idées et détails notés dans les cases de développement du schéma «Aperçu» en ébauches de paragraphes

Apprentissages visés:

■ Réutiliser, dans une nouvelle situation de communication, la stratégie de rédaction «La carte des 3 RDP» visant à enchaîner les idées notées dans le schéma «Aperçu»

■ Porter un jugement sur sa démarche

■ Utiliser le vocabulaire appris pour parler de son travail

Équipes: Les mêmes groupes de 2 élèves formés lors de la leçon 15.

Matériel

■ Un rétroprojecteur et un feutre à encre effaçable

■ Pour tous les élèves, une photocopie des fiches suivantes:
  – 11.2: *Liste de mots de liaison*
  – 15.1: *Deuxième projet de texte: choix de situations de communication*
  – 15.2: *Feuille de route*

  et le livret de fiches de stratégie préparé pour la leçon 15

■ Pour l'enseignant, un transparent de la fiche suivante:
  – 10.4 *Rédaction d'un texte d'opinion: stratégie 6 «3 façons de DÉ-VE-LO-pper et des mots pour aider»*

  et deux transparents de la fiche suivante:
  – 11.1: *Rédaction d'un texte d'opinion: stratégie 7 «La carte des 3 RDP»*

Préparation

Avant la leçon, reproduisez au tableau le schéma «Aperçu» construit par deux élèves à la leçon précédente et la Carte des 3 RDP vide.

Activation des connaissances

■ Dirigez l'attention de la classe sur le schéma «Aperçu» d'un élève et sur la Carte des 3 RDP que vous avez reproduits au tableau. Demandez-leur d'expliquer le lien entre ces deux stratégies et l'utilité de l'une par rapport à l'autre. Avec eux, faites notamment ressortir l'idée selon laquelle la Carte des 3 RDP permet de réfléchir à l'enchaînement des idées (notées dans le schéma «Aperçu»), enchaînement qu'on trouve dans tout bon texte d'opinion.

■ En observant avec eux la Carte des 3 RDP, faites-leur remarquer qu'un mot de liaison est obligatoire au début de chaque paragraphe (montrez la case en haut de chaque colonne), mais qu'à l'intérieur (montrez les pointillés au-dessous), les mots de liaison sont facultatifs et dépendent de l'enchaînement des idées.

■ Finalement, rappelez aux élèves que dans la Carte des 3 RDP, on écrit des phrases courtes, des phrases-résumés qu'on étirera plus tard en ajoutant des détails.

Présentation des apprentissages visés

Annoncez aux élèves qu'après un bref modelage rappelant la façon de passer de l'Aperçu à la Carte des 3 RDP[5], ils vont réutiliser la stratégie «La carte des 3 RDP» pour leur deuxième projet de texte.

Déroulement

Première partie : Modelage, par l'enseignant, du passage de l'Aperçu à la Carte des 3 RDP

■ À partir des idées du schéma «Aperçu» d'un élève, reproduit au tableau, remplissez la Carte des 3 RDP vide, également reproduite au tableau. Raisonnez à voix haute pour bien montrer aux élèves comment transformer les bribes d'idées notées dans l'Aperçu en enchaînement logique d'idées. N'hésitez pas à utiliser les expressions proposées dans les fiches 11.2 et 10.4.

■ Pour préparer ce modelage, vous pouvez vous appuyer sur le scénario proposé à la page 32.

Deuxième partie : Élaboration par les élèves, dans leur équipe, de la Carte des 3 RDP

■ Demandez aux élèves de reprendre leurs fiches 15.1 et 15.2, et leur livret de fiches de stratégie, puis de se remettre avec leur coéquipier.

■ Laissez-leur le temps nécessaire pour exploiter ensemble la stratégie 7 «La carte des 3 RDP» et pour remplir la fiche correspondante de leur livret, en partant des idées qu'ils ont notées lors de la leçon précédente dans leur schéma «Aperçu».

■ En circulant pour aider, en donnant de la rétroaction, choisissez une équipe qui semble particulièrement bien utiliser la stratégie. Remettez aux deux élèves le transparent de la fiche 11.1 et un feutre à encre effaçable, et demandez-leur de copier leurs notes sur le transparent pour pouvoir parler de leur travail à la fin de la leçon.

Conclusion

■ Demandez aux élèves ayant reçu le transparent de «La carte des 3 RDP» de venir présenter leur travail à l'aide du rétroprojecteur. Amenez-les à parler non seulement de la façon dont ils ont procédé pour enchaîner leurs idées, mais aussi des difficultés qu'ils ont rencontrées lors de cette opération.

■ Dites aux élèves que, comme devoir, ils devront rédiger individuellement leur texte au complet en s'appuyant sur les schémas qu'ils ont élaborés. Ajoutez qu'après l'avoir rédigé, ils devront vérifier les paragraphes du développement en se concentrant sur la continuité thématique, en s'aidant de la fiche 14.1 qui se trouve dans leur livret.

---

5. L'expérience montre que l'enchaînement logique des idées représente un défi important pour les élèves et qu'il est nécessaire de modeler cette opération une deuxième fois.

- Dites-leur aussi qu'avant de vous remettre leur texte, ils devront vous indiquer un paragraphe du développement sur lequel ils aimeraient avoir un commentaire de votre part concernant la continuité thématique et l'enchaînement des idées.

- Ramassez tous les textes ainsi que les livrets afin de vérifier, avant la prochaine leçon, ces deux aspects dans le paragraphe choisi par chacun ainsi que l'emploi de la stratégie 9 « À l'écoute des échos ».

Leçon 18 La révision / récriture d'un paragraphe

Durée approximative : 60 minutes

Tâche : Récrire un paragraphe du deuxième texte en vérifiant l'enchaînement des idées

Apprentissages visés :

- Trouver des mots et des moyens qui assurent l'enchaînement des idées

- Vérifier un paragraphe du développement du deuxième texte pour ce qui est de l'enchaînement des idées, et faire les changements nécessaires pour l'améliorer

- Utiliser le vocabulaire appris pour parler de son travail

Équipes : Pas d'équipes pour cette leçon ; travail individuel

Matériel

- Un rétroprojecteur et des feutres à encre effaçable

- Pour tous les élèves, une photocopie des fiches suivantes :
  - 13.2 : *Liste de signes pour la révision*
  - 13.3 : *Grille de vérification d'un paragraphe de développement*
  - 15.2 : *Feuille de route*

- Pour l'enseignant, deux transparents comportant chacun le paragraphe d'un élève et une photocopie par élève de la fiche 13.4 : *Grille d'évaluation d'un paragraphe de développement.*

Préparation

Avant la leçon :

- Choisissez parmi les textes des élèves deux ou trois paragraphes exemplaires pour ce qui est de la continuité thématique et de l'enchaînement des idées.

- Tapez-les à l'ordinateur et faites-en un transparent.

- Donnez, par écrit, de la rétroaction aux élèves en vous limitant aux aspects de la continuité thématique et de l'enchaînement des idées, pour le paragraphe qu'ils ont choisi. Le but de cette rétroaction est double. Il s'agit : 1) d'encourager les élèves en relevant ce qu'ils ont bien réussi ; 2) de les aider à repérer, à l'aide de signes ou de symboles, les endroits dans leur texte où ils s'écartent encore de l'idée principale et où ils n'enchaînent pas correctement leurs idées, afin qu'ils fassent eux-mêmes les modifications nécessaires.

Activation des connaissances

Demandez aux élèves de rappeler l'utilité de la stratégie 8 «À l'écoute des échos». Félicitez-les, s'il y a lieu, de leur emploi judicieux de cette stratégie pour leur deuxième projet de texte.

Présentation des apprentissages visés

Annoncez aux élèves que dans cette leçon, ils vont apprendre à améliorer l'un de leurs paragraphes pour ce qui est de l'enchaînement des idées. Mais avant cela, ils vont participer à une petite activité de «gymnastique mentale» qui va les y préparer.

Première partie : Décontextualisation portant sur l'enchaînement des idées

- Expliquez aux élèves que l'activité de gymnastique mentale qu'ils vont faire va s'appliquer à deux paragraphes extraits de textes rédigés par deux d'entre eux lors de la leçon précédente.

- Montrez, à l'aide du rétroprojecteur, les transparents des paragraphes que vous avez préparés. Faites-les lire aux élèves et demandez-leur ce qu'ils en pensent.

- Par une série de questions, amenez les élèves à reconnaître que les auteurs des paragraphes ont bien réussi à enchaîner leurs idées.

- Demandez-leur comment, dans chaque cas, l'auteur s'y est pris pour réaliser les enchaînements. À l'aide d'un feutre à encre effaçable, soulignez les mots qui évoquent le sujet du paragraphe et assurent la reprise d'information d'une phrase à l'autre. Voici un exemple[6] :

«Pour commencer, je crois que le hockey est très dangereux.

Les joueurs qui le pratiquent peuvent avoir une commotion cérébrale.

Ces joueurs pourraient être en conflit pendant un certain temps, et ça pourrait devenir dangereux. Ils pourraient même mourir.

Il faut dire que ce sport est vraiment dangereux. »

- Demandez aux élèves de classer les mots ou les groupes de mots que vous avez soulignés dans des catégories telles que : pronoms, synonymes, répétitions du même terme, adjectifs possessifs et adjectifs démonstratifs accompagnés d'un terme général ou d'un synonyme…

- Une fois ce travail de classification effectué, amenez les élèves à se rendre compte que chaque catégorie correspond à un moyen d'assurer l'enchaînement des idées.

---

6. Le paragraphe suivant est un extrait original du texte d'un élève. Il n'est pas parfait, mais montre clairement l'effort fourni par l'apprenti scripteur pour enchaîner ses idées. Nous avons remarqué, lors de notre expérimentation de ce programme, que travailler à partir des écrits des élèves en parlant de ce que ces derniers réussissent est une source importante de motivation.

Déroulement

Deuxième partie: Révision et récriture d'un paragraphe de développement

■ Remettez aux élèves leur texte avec vos commentaires, et donnez-leur le temps nécessaire pour se relire et effectuer les changements suggérés. Ils pourront ainsi améliorer l'enchaînement des idées à l'aide des moyens qu'ils viennent de mettre en évidence. Rappelez-leur éventuellement l'utilité des signes de révision qui se trouvent sur leur fiche 13.2.

■ Quand les élèves auront apporté les améliorations suggérées à leur paragraphe, demandez-leur de reprendre leur fiche 13.3 pour vérifier les divers aspects enseignés. Invitez-les ensuite à cocher la case de cette étape de leur feuille de route figurant sur la fiche 15.2.

Conclusion

■ Demandez à un ou deux volontaires de lire leur paragraphe révisé et d'expliquer les changements qu'ils ont faits. Amenez les autres élèves à commenter la continuité thématique et l'enchaînement des idées des paragraphes lus.

■ Si vous souhaitez faire une évaluation sommative du paragraphe révisé, demandez aux élèves de vous remettre leur travail avec la grille de vérification 13.3 remplie et notez le paragraphe à l'aide de la fiche 13.4.

Leçon 19 *Troisième projet de texte: la planification*

Durée approximative: 60 minutes

Tâche: Entamer le processus de planification d'un texte d'opinion à partir d'une nouvelle situation de communication

Apprentissages visés:

■ Réutiliser, en faisant les adaptations appropriées à la nouvelle situation de communication, les cinq stratégies de planification apprises précédemment

■ Porter un jugement sur sa démarche de planification

■ Utiliser le vocabulaire appris pour parler de son travail

Équipes: Pas d'équipes pour cette leçon; travail individuel

Matériel

■ Un rétroprojecteur et un feutre à encre effaçable

■ Pour tous les élèves, une photocopie des fiches suivantes:

– 19.1: *Troisième projet de texte: choix de situations de communication* (ou une version adaptée de cette fiche)

– 15.2: *Feuille de route*

– 6.2: *Planification d'un texte d'opinion: stratégie 1 « Examen à la loupe »*[7]

---

7. Puisqu'il s'agit d'un nouveau projet, les fiches 6.2, 7.1, 8.1, 8.2, 9.1, 10.4, 11.1 et 14.1 doivent être vierges.

– 7.1 : *Planification d'un texte d'opinion : stratégie 2 « Deux bords, d'abord »*

– 8.1 : *Planification d'un texte d'opinion : stratégie 3 « Raisons élastiques »*

– 8.2 : *Planification d'un texte d'opinion : stratégie 4 « L'arbre à l'envers »*

– 9.1 : *Planification d'un texte d'opinion : stratégie 5 « Aperçu »*

– 10.4 : *Rédaction d'un texte d'opinion : stratégie 6 « 3 façons de DÉ-VE-LO-pper et des mots pour aider »*

– 11.1 : *Rédaction d'un texte d'opinion : stratégie 7 « La carte des 3 RDP »*

– 14.1 : *Révision d'un texte d'opinion : stratégie 9 : « À l'écoute des échos »*

■ Pour l'enseignant, un transparent des fiches suivantes :

– 19.1 : *Troisième projet de texte : choix de situations de communication* (ou une version adaptée de cette fiche)

– 6.2 : *Planification d'un texte d'opinion : stratégie 1 « Examen à la loupe »*

– 7.1 : *Planification d'un texte d'opinion : stratégie 2 « Deux bords, d'abord »*

– 8.1 : *Planification d'un texte d'opinion : stratégie 3 « Raisons élastiques »*

– 8.2 : *Planification d'un texte d'opinion : stratégie 4 « L'arbre à l'envers »*

– 9.1 : *Planification d'un texte d'opinion : stratégie 5 « Aperçu »*

et la fiche suivante :

– 15.3 : *Questions pour revenir sur la démarche adoptée par les élèves*

Avant de commencer la leçon :

■ Comme il est crucial que les élèves écrivent sur des sujets qui les intéressent, on vous suggère de compléter la fiche 19.1 en rédigeant d'autres situations qui correspondront sans doute mieux à la réalité de vos élèves.

■ Pour chacun des élèves, préparez un petit livret regroupant les fiches de stratégie (agrafez-les ensemble).

Activation des connaissances

Demandez aux élèves de parler de leur stratégie préférée en expliquant bien les raisons qui motivent cette préférence.

Présentation des apprentissages visés

Annoncez aux élèves que pour bien intégrer ce qu'ils ont appris jusqu'à maintenant sur le texte d'opinion et les stratégies d'écriture, ils vont travailler sur un troisième projet de texte, à partir d'une nouvelle situation de communication.

Préparation

Première partie : Choix d'un sujet

- Distribuez à tous les élèves la fiche 19.1 proposant un choix de situations de communication (ou une version de cette fiche mieux adaptée à la réalité de votre classe).

- Montrez la fiche 19.1 à l'aide du rétroprojecteur et lisez avec les élèves les textes décrivant les situations de communication. Animez une brève discussion sur les critères à prendre en considération pour choisir un sujet. Rappelez-leur combien il est important que le sujet les intéresse et qu'ils le connaissent suffisamment.

- Pour favoriser la motivation des élèves, évoquez la possibilité de publier la version finale de leur texte dans le journal de l'école ou dans un autre média.

- Laissez-leur le temps nécessaire pour choisir un sujet et demandez à quelques-uns d'entre eux d'expliquer au reste de la classe quel sujet ils ont choisi et pourquoi.

Deuxième partie : Retour à la feuille de route

Demandez aux élèves de reprendre leur fiche 15.2 qui propose une feuille de route et expliquez-leur que pour cette production écrite, ils franchiront seuls les étapes de planification et de rédaction, mais qu'ils bénéficieront de l'aide d'un camarade à l'étape de la révision. Précisez-leur également que trois cours seront consacrés à ce projet et que le texte sera noté à la fin du processus.

Troisième partie : Planification individuelle

- Laissez aux élèves le temps nécessaire pour exploiter les stratégies de planification et pour remplir les fiches correspondantes de leur livret.

- Circulez, aidez les élèves et donnez-leur de la rétroaction. En même temps, choisissez un élève qui réussit bien. Donnez-lui le transparent de la stratégie qui semble causer le plus de difficultés à l'ensemble de la classe.

- Demandez à l'élève à qui vous avez remis le transparent de venir montrer son travail à l'ensemble de la classe à l'aide du rétroprojecteur. En vous appuyant sur le document projeté, animez une discussion sur les points suivants :
  - La manière dont les élèves ont utilisé les stratégies ;
  - Les questions que les élèves se sont posées ;
  - Les difficultés qu'ils ont rencontrées et la façon dont ils les ont surmontées ou pourraient les surmonter ;
  - Les contextes de réutilisation possibles (avec justification)…

- Inspirez-vous du questionnaire de la fiche 15.3.

- Encouragez tous les élèves à participer à la discussion et à parler de leur façon de procéder.

- Pour terminer, demandez aux élèves de faire à la maison la Carte des 3 RDP de leur texte, en remplissant la fiche correspondante de leur nouveau livret.

Leçon 20 La rédaction

Durée approximative: 60 minutes

Tâche: Commencer à rédiger le troisième texte à partir du plan élaboré

Apprentissages visés:

- Utiliser, dans le cadre d'une nouvelle situation de communication, les notions apprises sur la structure du texte et l'élaboration des paragraphes pour rédiger le troisième texte à partir des idées notées dans le schéma « Aperçu » et dans la Carte des 3 RDP

- Utiliser le vocabulaire appris pour parler de son travail

Équipes: Pas d'équipes pour cette leçon; travail individuel

Matériel

- Un rétroprojecteur et un feutre à encre effaçable
- Pour tous les élèves, une photocopie des fiches suivantes:
  - 13.3: *Grille de vérification d'un paragraphe de développement*
  - 15.2: *Feuille de route*
  - 19.1: *Troisième projet de texte: choix de situations de communication* (ou une version adaptée de cette fiche)
  - 20.1: *Qui a écrit le meilleur paragraphe, et pourquoi?*
  et le livret de fiches de stratégie
- Pour l'enseignant, un transparent de la fiche suivante:
  - 20.1: *Qui a écrit le meilleur paragraphe, et pourquoi?*

Préparation

Activation des connaissances

Demandez à quelques élèves d'expliquer comment ils ont fait, à la maison, la Carte des 3 RDP de leur nouveau texte, comment ils sont passés du schéma « Aperçu » à la Carte des 3 RDP.

Présentation des apprentissages visés

Annoncez aux élèves qu'ils vont maintenant rédiger leur troisième texte à partir du plan de l'Aperçu et de la Carte des 3 RDP et à l'aide d'autres outils linguistiques familiers. Précisez qu'avant de commencer à écrire, ils vont faire une petite activité de « gymnastique mentale ».

Déroulement

Première partie: Décontextualisation portant sur les idées implicites et sur l'enchaînement des idées

- Distribuez aux élèves la fiche 20.1 et lisez-la avec eux en vous basant sur le transparent.

- Ensuite, amenez les élèves à trouver la fiche outil qui pourrait les aider à déterminer lequel des deux paragraphes proposés est le meilleur: il s'agit de la fiche 13.3: *Grille de vérification d'un paragraphe de développement*.

- Demandez aux élèves de se servir de la fiche en question pour trouver quel est le meilleur paragraphe. Laissez-leur le temps nécessaire pour y réfléchir.

- Ensuite, demandez-leur d'exprimer oralement ce qu'ils pensent. Amenez-les à nommer les faiblesses du paragraphe de Vincent par rapport à celui de Caroline. Ils vont sans doute dire que le paragraphe de Vincent est trop court, ce qui est exact. Amenez-les à dire aussi que le paragraphe comprend des idées implicites et manque de mots de liaison pour assurer l'enchaînement des idées.

- Demandez-leur ensuite comment Caroline s'y prend pour écrire un meilleur paragraphe. Ils doivent dire que Caroline «étire» bien ses phrases comme des élastiques en exprimant bien des idées qui sont implicites dans le texte de Vincent: «si on avait… toute l'année», «on pourrait aller voir…», «En hiver, on pourrait…», «toutes nos vacances ont lieu pendant l'été», «le reste de l'année, nous sommes enfermés dans l'école». Ils doivent aussi constater qu'elle utilise des mots de liaison pour les enchaînements internes, et nommer ces derniers: «Par exemple», «Mais», «cette variété», «parce que», «et».

Deuxième partie: Rédaction individuelle du texte

- Laissez aux élèves le temps nécessaire pour rédiger leur troisième texte à partir de leur Aperçu, de leur Carte des 3 RDP se trouvant dans leur livret et de la situation de communication choisie. Rappelez-leur de bien expliciter leurs idées et de s'assurer qu'elles s'enchaînent bien d'une phrase à l'autre.

- Invitez les élèves qui ont terminé leur texte à cocher la case correspondant à l'étape 8 du projet 3 dans la feuille de route de la fiche 15.2.

Conclusion

- Demandez à un ou deux volontaires de lire soit leur texte au complet, soit un de leurs paragraphes. Invitez les autres élèves à commenter le texte ou le paragraphe en question, pour ce qui est du développement de la raison ou des raisons et de l'enchaînement des idées. Incitez-les à relever les aspects positifs, puis à faire des suggestions d'amélioration.

- Ramassez tous les textes. Parmi eux, choisissez-en un et tapez-le à l'ordinateur pour faire un transparent que vous utiliserez lors de la leçon suivante.

Leçon 21 *La révision / récriture*

Durée approximative: 60 minutes

Tâche: Offrir à un pair de la rétroaction sur son texte, pour l'aider à l'améliorer

Apprentissages visés:

- Utiliser ses connaissances quant aux caractéristiques d'un texte d'opinion convaincant pour: 1) juger le texte d'un camarade en en déterminant les forces et les faiblesses; 2) juger son propre texte et l'améliorer en y apportant les modifications nécessaires

- Utiliser le vocabulaire appris pour parler de son travail

Équipes: Groupes hétérogènes (élèves forts, moyens et faibles) de 2 élèves que vous aurez formés à l'avance

- Un rétroprojecteur et des feutres à encre effaçable

- Pour tous les élèves, une photocopie des fiches suivantes :
  - 15.2 : *Feuille de route*
  - 21.1 : *Un mot pour t'aider à réviser ton texte*
  - 21.2 : *Grille de vérification du texte d'opinion*
  - 13.2 : *Liste de signes pour la révision*

- Pour l'enseignant, un transparent du texte sélectionné (voir ci-dessous) et des fiches 21.1 : *Un mot pour t'aider à réviser ton texte* et 21.2 : *Grille de vérification du texte d'opinion,* et une copie par élève de la fiche 21.3 : *Grille d'évaluation d'un texte d'opinion*

Avant la leçon, choisissez, parmi les textes des élèves que vous avez ramassés lors de la leçon précédente, un texte présentant plusieurs forces et quelques faiblesses en ce qui a trait à la cohérence textuelle[8]. Tapez-le à l'ordinateur et faites-en un transparent.

Activation des connaissances

Demandez aux élèves d'expliquer comment ils savent, au cours de la rédaction, que le lecteur va bien comprendre le message qu'ils essaient de transmettre et comment ils font pour repérer les faiblesses de leur texte pour ce qui est de la clarté des idées. Après les avoir laissés s'exprimer, amenez-les à reconnaître qu'il est parfois difficile de se mettre à la place du lecteur pour repérer les passages qui pourraient être source d'incompréhension, et qu'il peut être très utile de faire lire son texte par un camarade pour avoir sa rétroaction.

Présentation des apprentissages visés

- Dites aux élèves que vous avez lu leur texte avec intérêt. Félicitez-les pour les progrès qu'ils ont faits.

- Annoncez-leur qu'ils vont maintenant apprendre, avec l'aide d'un coéquipier, à relire leur texte avec un œil critique, afin de l'améliorer. Précisez que vous allez d'abord leur montrer comment faire cette relecture critique à l'aide d'un texte écrit par l'un d'eux et d'une fiche outil.

Première partie : Évaluation collective d'un texte

- Montrez au rétroprojecteur le transparent du texte choisi et demandez à son auteur de le lire à voix haute.

- Demandez aux élèves de réagir en commençant par des commentaires positifs.

- Ensuite, demandez à la classe de poser des questions ou de faire des commentaires à l'auteur du texte afin de l'aider à y apporter des modifications. Voici des exemples de questions ou de commentaires :

---

8. Nous vous suggérons de demander à l'élève la permission d'utiliser son texte en lui expliquant clairement l'objectif de l'activité. L'expérience montre que ce travail de rétroaction sur les textes est très valorisant pour les auteurs lorsqu'il est fait avec tact, lorsqu'on en explique bien le but et lorsqu'on commence par des commentaires positifs.

- « Que veux-tu dire par… ? », « Je ne comprends pas bien… », « Je pense que tu devrais expliquer un peu plus pourquoi… » (pour demander des éclaircissements).

- « Quel est le rapport entre X et Y ? » (pour faire préciser les liens entre les idées).

- « Ne penses-tu pas qu'il manque une phrase de clôture à ce paragraphe ? », « Tu pourrais peut-être expliquer pourquoi… » (pour aider à repérer des éléments manquants ou des idées implicites).

- « Regarde ici, puis là. N'as-tu pas l'impression que ça se répète ? » (pour aider à repérer les répétitions et les faire supprimer).

■ Enfin, montrez de nouveau le texte de l'élève que vous avez utilisé au début de la première partie de la leçon et, en vous appuyant sur le transparent de la fiche 21.1, faites une démonstration de la façon de procéder pour fournir une rétroaction écrite. Pour cela, écrivez vos commentaires sur le transparent au fur et à mesure.

Deuxième partie : Révision / récriture tenant compte des commentaires d'un camarade

■ Formez des équipes de deux élèves et distribuez à tout le monde la fiche 21.1.

■ Demandez aux deux élèves de chaque équipe d'échanger leurs textes, de lire attentivement le texte de l'autre et de remplir la fiche de rétroaction 21.1 en s'inspirant de la démonstration que vous venez de faire.

■ Quand tous les élèves ont récupéré leur texte et la fiche de rétroaction 21.1 remplie par leur coéquipier, invitez-les à apporter à leur texte les modifications suggérées, en se servant au besoin des signes de révision proposés dans la fiche 13.2.

Troisième partie : Révision / récriture s'appuyant sur une grille de vérification

■ En reprenant le texte utilisé à titre d'exemple dans la première partie de la leçon, montrez aux élèves comment utiliser la fiche 21.2 pour vérifier l'ensemble de leur texte.

■ Pour cela, servez-vous du transparent de la fiche 21.2 et réalisez devant la classe, à l'aide de feutres de couleur à encre effaçable, les opérations indiquées sur la fiche.

■ Ensuite, distribuez aux élèves la fiche 21.2 et demandez-leur de s'en servir pour faire une vérification finale de leur propre texte et pour apporter les modifications qui s'avèrent nécessaires. Invitez les élèves qui ont complété cette étape à cocher la case correspondante sur la fiche 15.2.

■ Demandez à un ou deux élèves d'expliquer et de justifier les changements qu'ils ont effectués en révisant leur texte.

■ Pour avoir une idée du travail réalisé par les élèves, ramassez les textes et les fiches de vérification 21.2. Nous vous suggérons d'évaluer les textes produits à l'aide de la fiche 21.3.

Leçon 22 Quatrième projet de texte : la planification

> **Durée approximative :** 60 minutes
>
> **Tâche :** Planifier un texte d'opinion à partir d'une nouvelle situation de communication
>
> **Apprentissages visés :**
>
> - Utiliser les stratégies de planification apprises dans une nouvelle situation de communication en faisant les adaptations nécessaires
> - Juger sa démarche de planification
> - Utiliser le vocabulaire appris pour parler de son travail
>
> **Équipes :** Pas d'équipes pour cette leçon ; travail individuel

Matériel

- Pour tous les élèves, une photocopie des fiches suivantes :
  - 22.1 : *Quatrième projet de texte : choix de situations de communication* (ou une version adaptée de cette fiche)
  - 15.2 : *Feuille de route*
  - 6.2 : *Planification d'un texte d'opinion : stratégie 1 « Examen à la loupe »*[9]
  - 7.1 : *Planification d'un texte d'opinion : stratégie 2 « Deux bords, d'abord »*
  - 8.1 : *Planification d'un texte d'opinion : stratégie 3 « Raisons élastiques »*
  - 8.2 : *Planification d'un texte d'opinion : stratégie 4 « L'arbre à l'envers »*
  - 9.1 : *Planification d'un texte d'opinion : stratégie 5 « Aperçu »*
  - 10.4 : *Rédaction d'un texte d'opinion : stratégie 6 « 3 façons de DÉ-VE-LO-pper et des mots pour aider »*
  - 11.1 : *Rédaction d'un texte d'opinion : stratégie 7 « La carte des 3 RDP »*
  - 14.1 : *Révision d'un texte d'opinion : stratégie 9 : « À l'écoute des échos »*
  - 21.2 : *Grille de vérification d'un texte d'opinion*
- Pour l'enseignant, une copie par élève de la fiche suivante :
  - 21.3 : *Grille d'évaluation d'un texte d'opinion*

  et la fiche suivante :
  - 15.3 : *Questions pour revenir sur la démarche adoptées par les élèves*

---

9. À partir de cette leçon, nous recommandons que l'emploi des fiches de stratégie suggérées dans la section du matériel soit facultatif. C'est pourquoi nous vous suggérons de faire le nombre de photocopies que vous jugez nécessaire, sur des feuilles de couleurs différentes pour distinguer les fiches, et de les placer dans un coin de la classe facilement accessible aux élèves.

Avant de commencer la leçon :

Comme il est crucial que les élèves écrivent sur des sujets qui les intéressent, nous vous suggérons de compléter la fiche 22.1 en rédigeant d'autres situations qui correspondront sans doute mieux à la réalité de vos élèves.

Présentation des apprentissages visés

■ Annoncez aux élèves que pour bien intégrer ce qu'ils ont appris jusqu'à maintenant sur le texte d'opinion et les stratégies d'écriture, ils vont travailler sur un troisième projet de texte, à partir d'une nouvelle situation de communication.

■ Présentez-leur la méthode de travail pour ce nouveau projet en leur demandant de reprendre la fiche 15.2 et en leur donnant les précisions suivantes :

– Cette fois-ci, la planification, la rédaction et la révision se feront individuellement ;

– L'emploi des fiches de stratégie sera facultatif ; ils choisiront eux-mêmes les stratégies qui leur semblent les plus utiles ;

– Deux cours seront consacrés à ce projet ;

– Le texte sera évalué et noté à la fin du processus, selon les critères figurant dans la grille d'évaluation de la fiche 21.3.

Première partie : Choix d'un sujet

■ Distribuez à tous les élèves la fiche 22.1 comportant un choix de situations de communication (ou une version de cette feuille mieux adaptée à la réalité de votre classe).

■ Pour favoriser la motivation des élèves, rappelez la possibilité d'une publication réelle de leur texte.

■ Si vous le jugez nécessaire, revoyez avec les élèves les critères à prendre en considération quand on choisit un sujet. Il faut surtout que le sujet intéresse l'auteur et que ce dernier le connaisse suffisamment.

■ Lisez les situations de communication avec les élèves (fiche 22.1) et laissez-leur le temps nécessaire pour choisir un sujet.

Deuxième partie : Planification individuelle

■ Laissez aux élèves le temps nécessaire pour planifier leur texte à l'aide des fiches de stratégie de leur choix.

■ Circulez, aidez les élèves et donnez-leur de la rétroaction. Ce faisant, repérez un ou deux élèves qui utilisent particulièrement bien certaines stratégies. Demandez-leur s'ils acceptent d'expliquer aux autres, à la fin de la leçon, les raisons qui ont motivé leur choix de stratégies et leur façon de procéder pour exploiter les stratégies.

■ En vous inspirant du questionnaire de la fiche 15.3, demandez aux élèves repérés de parler de leur démarche. Vous pouvez commencer par les questions suivantes :

– « Quelles stratégies as-tu choisies ? Pourquoi ? »

– « Pourquoi as-tu décidé de ne pas utiliser telle ou telle stratégie ? »

– « As-tu changé d'idée en cours de route concernant les stratégies à utiliser ou à ne pas utiliser ? »

■ Encouragez les autres élèves à participer à la discussion en parlant de leur propre façon de procéder.

Leçon 23 La rédaction et la révision

> **Durée approximative :** 60 minutes
>
> **Tâche :** Rédiger et réviser le quatrième texte d'opinion
>
> **Apprentissages visés :**
>
> – Utiliser, dans une nouvelle situation de communication, les stratégies de rédaction-révision apprises en faisant les adaptations nécessaires
>
> – Juger sa démarche rédactionnelle et faire le bilan des apprentissages réalisés
>
> – Utiliser le vocabulaire appris pour parler de son travail
>
> **Équipes :** Pas d'équipes pour cette leçon ; travail individuel

■ Pour tous les élèves, une photocopie des fiches suivantes :

– 22.1 : *Quatrième projet de texte : choix de situations de communication* (ou une version adaptée de cette fiche)

– 23.1 : *Ma propre chambre : deux paragraphes à noter*

■ Pour l'enseignant, un transparent de la fiche suivante :

– 23.1 : *Ma propre chambre : deux paragraphes à noter*

et la fiche suivante :

– 21.3 : *Grille d'évaluation d'un texte d'opinion* (une photocopie par élève)

Activation des connaissances

■ Dans un premier temps, demandez aux élèves de nommer par écrit deux ou trois caractéristiques d'un bon paragraphe dans le développement d'un texte d'opinion.

■ Dans un second temps, invitez-les à parler ensemble de ces caractéristiques.

Présentation des apprentissages visés

Annoncez aux élèves que dans cette leçon, ils vont rédiger et réviser leur quatrième texte en utilisant les fiches outils de leur choix et les connaissances qu'ils ont acquises sur le texte d'opinion. Mais précisez qu'avant, ils vont faire une petite activité de «gymnastique mentale» pour revoir les caractéristiques d'un bon paragraphe.

Première partie : Décontextualisation portant sur le choix des raisons, sur la continuité thématique et sur l'enchaînement des idées

- Distribuez aux élèves la fiche 23.1.

- Expliquez-leur qu'ils vont agir comme des enseignants, puisqu'ils doivent évaluer deux paragraphes correspondant à la situation de communication «Ma propre chambre», qu'ils connaissent bien.

- Demandez à un élève de rappeler les détails de cette situation de communication.

- Montrez à l'aide du rétroprojecteur le transparent de la fiche 23.1 et lisez avec les élèves les paragraphes et les critères d'évaluation qui les précèdent.

- Demandez aux élèves de donner une note pour chaque critère par un vote à main levée. Invitez-en quelques-uns à s'exprimer pour justifier oralement leur décision[10].

Deuxième partie : Rédaction / révision

Laissez aux élèves le temps nécessaire pour rédiger et réviser le quatrième texte à l'aide des fiches outils de planification, de rédaction et de révision choisies. Dites-leur de se référer à leur fiche 22.1 décrivant la situation de communication choisie.

- Demandez à quelques volontaires de lire leur texte. Invitez les autres à réagir en faisant des commentaires constructifs.

- Ramassez les textes et toutes les fiches de stratégie utilisées. Faites une évaluation à l'aide de la fiche 21.3.

---

10. Remarquez que «j'aime cette chambre» n'est pas une bonne raison. Une raison explique pourquoi on aime quelque chose.

	1er texte	2e texte
Similarités		
Différences		
Éléments manquants		

1. Concours de l'Halloween

Trak TV organise pour l'Halloween un concours sur le thème de la peur. Plus particulièrement, les organisateurs veulent savoir si tu es pour ou contre les films d'horreur qui passent sur la chaîne de télévision les soirs de semaine. Pour participer au concours, il suffit d'envoyer un court texte au jury, constitué de garçons et de filles de ton âge. On offre à l'auteur du texte le plus convaincant un prix qui t'attire beaucoup. Tu décides donc de tenter ta chance.

À quel texte cette situation correspond-elle ? _____

2. Concours de l'Halloween

Trak TV organise pour l'Halloween un concours sur le thème de la peur.

Pour participer, il suffit d'envoyer un court texte au jury, formé de trois jeunes de ton âge. On offre un grand prix à l'auteur du texte qui raconte la meilleure histoire. Tu décides de participer au concours.

À quel texte cette situation correspond-elle ? _____

3. Concours de l'Halloween

Trak TV organise pour l'Halloween un concours portant sur le thème de la peur. Voici l'intitulé exact du sujet : « Décris ce qu'est la peur pour toi ». Pour participer au concours, il suffit d'envoyer un court texte au jury, formé de garçons et de filles de ton âge. On offre un prix très alléchant à l'auteur du meilleur texte. Tu décides de tenter ta chance.

À quel texte cette situation correspond-elle ? _____

Tous les enfants ont des peurs. Même les plus raisonnables ont des angoisses bizarres et incontrôlables, surtout au milieu de la nuit. Certains enfants ont peur du noir ou des mains velues qui vous agrippent les mollets quand vous passez près du lit. D'autres ont peur de l'homme qui se cache dans la garde-robe ou des miroirs qui reflètent des formes et des lueurs étranges aux heures les plus mortes de la nuit.

Quand j'avais huit ans, j'avais beaucoup d'imagination. J'avais aussi une phobie qui me hantait tout le temps : la phobie des Yeux. Ainsi, quand je marchais dans la rue, j'avais parfois le sentiment que les Yeux me pénétraient du regard. Je me retournais alors brusquement, mais Ils s'étaient déjà cachés derrière cet arbre ou cette auto. Je ne Les voyais donc jamais. Mais je savais qu'Ils étaient là. Je savais qu'Ils étaient verts et qu'Ils brillaient d'une méchanceté épouvantable. Les Yeux étaient la porte d'une âme cruelle qui me voulait du mal.

Un soir, le ciel se mit à gronder de colère et à mitrailler la terre de milliards de gouttes de pluie. Je sus alors que les Yeux allaient finalement accomplir leur sombre mission. Au moment d'aller me coucher, je traînai le plus possible, car je ne voulais pas me retrouver seule dans le noir. Je descendis lentement l'escalier grinçant menant au sous-sol et grimpai encore plus lentement à l'échelle de mon lit installé sur une petite mezzanine. Les gouttes frappaient la fenêtre avec violence. La tempête faisait rage.

Mon sommeil fut agité, lui aussi. Au beau milieu de la nuit, je me réveillai en sueur. Les Yeux étaient là. Je le sentais, je le savais. Ils s'approchaient de plus en plus. Tout était noir. Tout était silencieux. Le bruit sourd de la pluie avait cessé. Je regardai par la fenêtre. Les Yeux étaient là ! Glauques et luisants de haine, Ils me regardaient. Je rabattis ma couverture sur ma tête, tétanisée de terreur, attendant ma fin.

Ma fin ne vint pas. Le temps passa et rien ne se produisit. Aux premières lueurs du jour, je risquai un coup d'œil. À ma grande surprise, ma chambre était telle qu'elle avait toujours été. J'étais encore en vie. Dehors, les gouttes recouvrant l'herbe étincelaient au soleil. Tout semblait normal. Mais je savais que les Yeux reviendraient. Je remarquai alors, dans la terre encore humide, à côté de ma fenêtre, des traces de chat.

Rencontrer la peur, c'est quelque chose. La peur est incontrôlable ; elle fait de vous ce qu'elle veut. Elle vous fait sursauter ou vous paralyse, selon son humeur. Elle aime faire trembler vos bras et vos jambes, et vous serrer l'estomac. Elle peut prendre plusieurs formes et se manifeste dans différents endroits. Vous pouvez la rencontrer à l'école ou au cinéma. Mais elle aime surtout vous rendre visite chez vous, au milieu de la nuit, quand vous êtes seul, blotti au fond de votre lit. Préparez-vous maintenant à l'affronter une fois pour toutes, car la voici, celle qui est votre pire ennemie.

Il y a d'abord la peur qu'on rencontre en plein jour. Elle pointe le bout de son nez quand le professeur annonce, tout naturellement, comme si c'était planifié depuis longtemps, que c'est le jour de l'examen de maths. Comble de l'horreur, la feuille que vous recevez, et que vous devez remplir, est elle-même contre vous. Elle reste obstinément blanche… tellement blanche qu'elle déteint sur vous. Vous pâlissez alors de plus en plus, tandis que vos mains se tordent nerveusement. Puis, la peur fait place à la panique. Vous vous sentez envahi par un sentiment qui est loin d'être agréable, je peux vous le dire.

La peur est traîtresse aussi. Je pense aux moments où on est au cinéma, avec un groupe d'amis, hypnotisé par les images qui défilent sur le grand écran et par la musique mystérieuse qui s'intensifie. Les épaules se tendent, les mains plongent dans les sacs de pop-corn pour vite remonter à la bouche. La petite musique persiste, insiste, écrase les spectateurs, qui s'enfoncent dans leur siège. BOUH ! AH ! Votre corps a quitté le fauteuil pendant une fraction de seconde. Vous retombez au milieu des éclats de rire. « Est-ce vraiment moi qui ai crié ? » vous demandez-vous. Eh oui ! la peur vient de vous jouer un tour, encore une fois.

Vous l'aurez sans doute deviné, c'est elle aussi qui vient vous serrer l'estomac quand vous vous réveillez au milieu de la nuit. Dans le noir et le silence, votre imagination va bon train. Vous vous mettez à voir une forme humaine dans la garde-robe ou à entendre un grattement sous votre lit. Il n'y a rien de pire que cette forme de frayeur. Vous savez très bien qu'il n'y a aucune raison d'avoir peur, mais vous ne pouvez pas vous contrôler. Vous avez froid dans le dos et, en même temps, vous suez plus que pendant un match de hockey. Au matin, vous vous sentez tout honteux en pensant que tout cela se passait uniquement dans votre tête.

Coquine, traîtresse et sournoise, telle est madame la Peur. Je viens de vous la présenter. Ce n'est pas facile d'avouer qu'on a peur. Ça ne fait pas *cool* devant les amis. Mais je peux vous affirmer que *cool* ou pas *cool*, n'importe qui peut être envahi par cette émotion, n'importe quand, en particulier au moment où on s'y attend le moins.

L'Halloween, la fête de la peur, arrive à grands pas, et je crois qu'il est temps de se mettre dans l'ambiance. Alors, pourquoi ne pas passer plus de films d'horreur pendant les heures de grande écoute, à la télévision ? Ils pourraient nous inspirer pour les compositions françaises, à l'école, nous donner des idées de costumes et nous faire frissonner avec notre gang.

Tout d'abord, les films d'horreur nous inspireraient pour les compositions françaises. Quand l'Halloween approche, les professeurs nous demandent souvent d'écrire des textes au sujet de cette fête. Or, on a parfois du mal à trouver un sujet qui sorte de l'ordinaire. Il ne s'agirait pas de copier les films qui passeraient à la télévision, juste de s'en inspirer. Certaines histoires pourraient en effet nous faire penser à des événements surprenants ou à une fin inattendue qu'on pourrait mettre dans nos compositions. Ainsi, le fait d'avoir plus de films épeurants à la télévision pourrait être un plus pour notre créativité, au moment d'écrire.

Ensuite, les films d'horreur pourraient nous donner des idées de costumes pour l'Halloween. L'année dernière, je me suis déguisé en vampire et j'ai rencontré une bonne douzaine d'autres personnages avec de grandes dents et une longue cape noire. Mais je suis certain que si on passait plus de films épeurants à la télé, cela ferait connaître d'autres personnages qui font frissonner. Les gens qui ont de l'imagination pourraient même en mélanger plusieurs afin de créer leur propre costume. Avec un peu d'ingéniosité, on s'amuserait bien !

Enfin, c'est amusant, parfois, un bon film d'horreur. C'est amusant d'en regarder un avec des amis, le vendredi soir. On est tous empilés sur le sofa, on mange du pop-corn et on sursaute à certains moments. Après, on rit des claquements de dents des autres ou de celui qui s'est caché derrière un coussin, même si juste avant on faisait pareil. Au fond, je pense que tout le monde aime bien avoir un peu peur de temps en temps.

Pour terminer, je crois qu'on devrait sérieusement penser à passer plus de films épeurants à la télévision, surtout en cette période de l'année, quand le 31 octobre approche. Ces émissions pourraient nous inspirer autant pour les compositions à l'école que pour les costumes de l'Halloween. Elles nous permettraient aussi de mettre un peu de piquant dans nos soirées entre amis. Alors, à quand le prochain film d'horreur ?

Chaque année, on élit un conseil des élèves.

Trois élèves de sixième année – Stéphane, Patrick et Mélanie – pensent qu'ils ont les qualités requises pour être un bon représentant de classe.

On décidera qui sera élu après avoir écouté les candidats expliquer à la classe, dans une petite présentation orale, pourquoi ils veulent représenter la sixième année au conseil des élèves.

Ta tâche :

Lis le discours de Stéphane, de Patrick et de Mélanie. Puis, décide lequel des trois candidats devrait être le représentant de classe, et explique pourquoi.

Quels sont les deux élèves qui ne seront pas élus ?

_____ et _____

Pourquoi pas ? _____

_____

_____

_____

_____

Qui sera élu ? _____

Pourquoi ? _____

_____

_____

_____

_____

Chaque année, on élit un conseil des élèves.

Trois élèves de 3ᵉ secondaire – Geneviève, André et Noémie – pensent qu'ils ont les qualités requises pour être un bon président du conseil des élèves de l'école.

On décidera qui sera élu après avoir écouté les candidats expliquer, dans une petite présentation orale, pourquoi ils veulent occuper le poste de président du conseil des élèves.

Ta tâche :

Lis le discours de Geneviève, d'André et de Noémie. Puis, décide lequel des trois candidats devrait être le président du conseil des élèves de l'école, et explique pourquoi.

Quels sont les deux élèves qui ne seront pas élus ?

_____ et _____

Pourquoi pas ? _____

_____

_____

_____

_____

Qui sera élu ? _____

Pourquoi ? _____

_____

_____

_____

_____

Salut, tout le monde!

Ça va? Eh oui! cette année, je me présente pour être le représentant des élèves de sixième année de l'école Champlain. En effet, je crois que nous avons besoin d'une personne qui a des idées originales, mais surtout qui écoute les autres et qui a de la facilité à réaliser des projets. Je crois posséder toutes ces qualités.

Parlons d'abord des idées originales. Je vous dis tout de suite que plusieurs projets germent déjà dans ma tête. Par exemple, que diriez-vous d'une superfête pour l'Halloween, d'un carnaval pour Noël et d'une journée « H_2O » avec, bien sûr, une énorme bataille d'eau? Eh bien, ce n'est qu'un aperçu de toutes mes idées. Mais j'espère bien que nous pourrons les mettre à exécution.

Ensuite, je trouve que ce qu'il y a de plus important, c'est d'avoir un représentant qui écoute l'opinion des autres. Il est vrai qu'on ne peut pas plaire à tout le monde. Mais je crois que si on prend en compte le point de vue de chacun, le résultat n'en sera que meilleur. À mon avis, mon rôle serait justement de rassembler les idées de tous, de faire des compromis et d'arriver à une formule qui plaise au plus grand nombre. Alors, si je suis élu, soyez sûrs que vous aurez votre mot à dire.

Enfin, bien sûr, il vous faut un représentant capable de mettre à exécution les projets annoncés. On peut dire que je suis quelqu'un de débrouillard et de têtu. Ces qualités font que quand quelque chose me tient à cœur, je ne lâche pas. J'arrive à trouver des solutions en cas de problème. En plus, j'ai de l'expérience pour ce qui est de négocier avec les professeurs. D'ailleurs, entre vous et moi, j'obtiens souvent ce que je désire. Vous auriez donc quelqu'un qui serait capable de défendre et de réaliser vos rêves. Que voulez-vous de mieux?

En gros, souvenez-vous de trois choses. Avec moi comme représentant de classe, vous aurez la créativité, l'écoute et la débrouillardise en une seule personne. J'aimerais juste finir en vous souhaitant à tous une très bonne dernière année au primaire.

Bonjour, tout le monde !

Saviez-vous que quand on parle à une foule (comme je suis en train de le faire), la personne moyenne écoute pendant les 30 premières secondes, puis porte naturellement son attention vers une source plus intéressante ? C'est pourquoi, je vous communique sans tarder l'essentiel de mon message : en élisant Geneviève présidente du conseil des élèves, vous commenceriez très bien votre année, car vous choisiriez l'écoute, l'action et le travail d'équipe.

Écoutez-moi pendant quelques secondes encore, et vous verrez que pendant le reste de l'année, ce sera moi qui vous écouterai. En fait, j'ai déjà commencé mon travail d'écoute. Par exemple, j'ai entendu dire que certaines personnes rêvaient d'avoir une patinoire dans la cour, pendant l'hiver. Je sais aussi que d'autres, dans ce coin-là, ont envie de former des groupes de musique et de faire des enregistrements avec l'équipement de l'école. D'autres encore m'ont parlé tout simplement d'avoir un salon pour les élèves, un coin tranquille pour se détendre. Enfin, bien sûr, la plupart d'entre vous êtes toujours excités à l'idée d'organiser des danses et fêtes tout au long de l'année. Vous m'inspirez déjà. Vos rêves deviendront mes projets.

C'est bien beau d'écouter, mais je ferai aussi bouger les choses ici, cette année. En effet, je suis connue pour être une personne qui obtient ce qu'elle veut et qui atteint ses objectifs. Comment ? Premièrement, j'entretiens de bonnes relations avec ceux qui m'entourent, y compris le personnel de notre belle école. En général, je crois qu'on me respecte et qu'on me fait confiance. Deuxièmement, j'ai de la détermination et de l'enthousiasme. J'arrive sur les champs de bataille, ou plutôt de négociation, bien informée, bien organisée et avec plusieurs tours dans mon sac. Autrement dit, si Geneviève défend vos projets, elle se débrouillera pour obtenir le maximum.

Maintenant, mon plan d'action pour la réalisation des différents projets s'appuie sur le travail d'équipe. Comme vous l'avez sûrement constaté, j'ai beaucoup de qualités. Malheureusement, je dois vous avouer que je ne suis pas bonne en tout. Eh oui, vous avez l'air surpris. Ça, ça veut dire que j'ai besoin de vous. De fait, je sais que chacun d'entre vous désire participer aux projets à sa manière et laisser sa marque ici. Vous avez plein de rêves et d'idées, et vous avez beaucoup de talents. J'aimerais vous permettre de les partager en occupant le poste de présidente. Avec moi, tout le monde aura un rôle important à jouer.

Combien de personnes m'écoutent encore ? Génial ! Pour les autres, ce n'est pas grave. Souvenez-vous seulement que moi, je garde les oreilles ouvertes, que je me battrai pour que les choses bougent ici et, surtout, que je miserai sur le travail d'équipe. C'est ensemble que nous pourrons créer et innover afin que cette école devienne vraiment notre école.

Salut, la « gang » !

Vous savez pourquoi je suis ici. Eh oui ! c'est pour devenir le représentant de la sixième année. Je suis sûr que je suis le meilleur, celui qu'il vous faut pour ce poste. En effet, j'ai plein de bonnes idées, j'ai encore plus de qualités, et avec moi, vous allez vous amuser toute l'année !

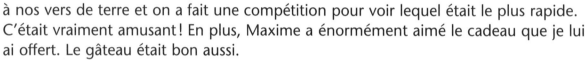

Premièrement, j'ai toujours une foule de bonnes idées ! Une fois, quand j'étais chez Maxime, pour sa fête, on ne savait pas quoi faire. Alors, j'ai dit qu'on pourrait aller creuser dans son jardin pour trouver des vers de terre. Après, on a donné des noms à nos vers de terre et on a fait une compétition pour voir lequel était le plus rapide. C'était vraiment amusant ! En plus, Maxime a énormément aimé le cadeau que je lui ai offert. Le gâteau était bon aussi.

Deuxièmement, j'ai plein de qualités. Ma mère me dit toujours que je suis le petit gars le plus fin qu'elle ait jamais vu. Ça me met en colère, parce que je n'aime pas qu'elle dise que je suis petit. Les parents sont vraiment tannants de dire des choses comme ça. On dirait qu'ils pensent qu'on est minuscules et qu'on va rester minus toute notre vie. Mais j'aime beaucoup ma mère, à part ça.

Troisièmement, avec moi, vous allez vous amuser toute l'année ! Il faut profiter de la sixième année, parce qu'on est les plus vieux de l'école et surtout parce que c'est notre dernière année au primaire. En plus, j'aimerais faire des choses vraiment chouettes. Comme ça, on s'en souviendra toute notre vie. Vive la sixième année !

Pour récapituler, je suis une personne débordante de bonnes idées, j'ai une foule de qualités, et avec moi, vous allez passer la meilleure année de votre primaire. Pour toutes ces raisons, je crois que je vais être élu. Et vous, qu'en pensez-vous ?

Salut, vous autres !

Je m'appelle André. Je vais très bien, et vous ? Cette année, j'ai décidé qu'on allait s'amuser. Je me présente comme candidat pour être président du conseil étudiant junior. Eh oui, André sait très bien ce que vous aimez. Il veut particulièrement développer le volet sportif. Surtout, il veut qu'on s'amuse à l'école, cette année ! Alors c'est parti, je vous explique tout ça…

Premièrement, je suis proche de vous et je sais ce que vous aimez. Chaque fois qu'il y a une fête ou quelque chose qui se passe dans le quartier, j'y suis, vous le savez. Tout l'été, j'ai passé du temps avec vous. Ce que j'ai le plus aimé, c'est quand on est allés camper au lac Koolak. Quelqu'un avait un bateau à moteur et on a fait du ski nautique. Le bateau faisait de grosses vagues et on revolait dans les airs. Laurier a même perdu son maillot de bain et il ne voulait plus remonter dans le bateau ! Tu t'en souviens, Laurier ?

Deuxièmement, cette année, j'ai le projet de développer le volet sportif dans notre école. En effet, le sport est ma passion. L'année passée, je jouais au hockey pour les Aigles, et on a participé à la finale provinciale. On s'est amusés comme des fous. On a même pu rencontrer Mario Lemeilleur et Patrick Empereur, deux joueurs de la Ligue nationale qui étaient dans l'hôtel voisin ! Et savez-vous quoi ? J'ai même réussi à obtenir un autographe. Patrick a écrit sur ma photo : « pour André, le futur roi ». Alors, vous voyez, ce n'est pas moi qui le dis. Je suis tout simplement destiné à occuper une place importante, une place de président.

Troisièmement, avec moi, on s'amusera toute l'année. Je ne sais pas combien de fois je vais vous le répéter, mais j'aime faire la fête ! Faire la fête, faire des activités en groupe, jaser avec du monde, rencontrer de nouvelles personnes et nouer de nouveaux liens d'amitié, pour moi, il n'y a rien de plus beau. C'est très important de créer une bonne atmosphère à l'école. Après tout, on y passe presque le tiers de notre vie. Alors, attachez vos ceintures ! Cette année, avec André, on va s'amuser comme des fous !

Voilà, je vous ai tout dit. Avec André, vous aurez ce que vous aimez. Vous aurez du sport et vous vous amuserez ! Vous voyez, c'est pas compliqué, cochez André !

Chers amis,

Je suis ici pour vous expliquer pourquoi je serais une bonne représentante des élèves de sixième année. Il y a plusieurs raisons. Entre autres, j'adore la planche à roulettes. Alors, je peux vous assurer qu'il y en aurait beaucoup. Avec moi, les filles auraient leur mot à dire. Je pourrais aussi réaliser mon plus grand rêve.

Tout d'abord, ma passion, c'est la planche à roulettes (et la planche à neige en hiver). Si j'étais élue représentante, vous pouvez être certains qu'à la fin de l'année, chacun de vous serait un pro dans ce domaine. Pour cela, je m'assurerais que chacun ait sa propre planche à roulettes et que les activités tournent autour de ce sport fantastique. Si vous votez pour moi, soyez prêts, ça va rouler !

Ensuite, j'aimerais que cette année, on écoute les filles en particulier ! Il faudrait donner aux filles plus de responsabilités dans l'organisation des activités. C'est leur point de vue à elles que je considèrerais avant tout. Les filles méritent qu'on leur fasse plus de place, car ce sont elles qui ont les meilleures idées, d'habitude. En plus, je suis sûre que l'année serait plus agréable pour tous si les sorties parascolaires étaient organisées par elles. Alors, place aux filles !

Enfin, le fait d'être élue représentante des élèves de sixième année me permettrait de réaliser un de mes grands rêves. Depuis que je suis en maternelle, je rêve de devenir politicienne plus tard. J'aime faire des projets et prendre des décisions. Je crois que je possède les bonnes aptitudes pour faire de la politique. À mon avis, être représentante de la sixième serait une bonne préparation pour ma future carrière.

Ainsi, mes chers amis, j'aimerais tout simplement vous rappeler que si je suis élue représentante, vous pouvez vous attendre à une année pleine de planche à roulettes et où les filles auront une grande place dans le domaine de la prise de décisions. De plus, l'expérience me permettrait de développer mon intérêt pour la politique. Alors, avez-vous décidé quelle case cocher quand vous irez voter ?

Mes chers amis,

Cette année, moi, Noémie, j'ai décidé de me présenter pour être présidente du conseil des élèves de notre école. J'ai pris cette décision parce que j'aimerais améliorer mes qualités liées au leadership, que j'ai plein de projets personnels et que j'aimerais faire participer davantage les élèves de 3e secondaire à l'organisation des activités. Je vous le dis franchement : pour toutes ces raisons, je suis convaincue que je suis la personne idéale pour occuper le poste de présidente.

Tout d'abord, j'aimerais améliorer mes qualités liées au leadership. Pour moi, une bonne leader doit être organisée et capable de parler en public. Ne vous inquiétez pas, je suis déjà assez bonne dans ces deux domaines. Regardez seulement mes notes de cours : elles sont propres, ordonnées et complètes. Mais j'ai encore du chemin à faire pour l'organisation… Par exemple, j'aimerais maîtriser l'art d'organiser ceux qui m'entourent, de diriger une réunion. Quant à l'art oratoire, présentement, trouvez-vous que je me défends bien ? En fait, je crois que je dois encore m'entraîner pour améliorer certains aspects comme le choix de mots et d'effets mélodramatiques qui permettent d'aller chercher les sentiments de la foule. Bref, si je suis élue, je pourrais m'améliorer ! Vous auriez alors l'exemple même d'une leader de première qualité.

J'ai aussi plein de bonnes idées que je rêve de concrétiser. Les filles qui me côtoient savent que j'adore organiser des activités sociales. À l'école, par exemple, j'aimerais aménager un salon de thé pour Noël. On pourrait y lire des créations littéraires ou jouer de la musique. On y dégusterait des petits biscuits fins. Je rêve aussi d'organiser une sortie au Jardin botanique, au printemps, lorsque les fleurs seront en pleine éclosion. Y êtes-vous déjà allés ? C'est de toute beauté ! Comme vous le voyez, j'ai de fabuleux projets pour l'année et plein d'autres surprises en réserve.

Avant de terminer, je vous confie un petit secret : cette année, j'aimerais que les élèves de 3e secondaire participent plus à l'organisation des activités. En effet, comme ils en sont à leur dernière année avec le conseil des élèves, ils ont beaucoup d'expérience. Ils savent comment les choses se sont passées avant. De plus, ce sont eux qui ont généralement les idées les plus originales et les plus intéressantes. Naturellement, j'écouterais leur opinion avant tout. Avec la participation des élèves de 3e secondaire, je vous garantis que toutes mes activités seront un succès !

Je termine ce petit mot en vous rappelant que si moi, Noémie, je suis élue comme présidente, je ferai de mon mieux pour améliorer mes qualités de leader, je concrétiserai mes rêves et je ferai participer les élèves de 3e secondaire afin d'avoir le meilleur soutien possible. Il ne devrait plus y avoir aucun doute dans votre esprit : votez pour Noémie !

Guillaume a une chienne qui a accouché d'une portée de six chiots. Il cherche des foyers pour ces adorables créatures. Nicole, Éric et Alain, trois jeunes qui ont entre 10 et 12 ans, adorent les animaux domestiques et aimeraient beaucoup adopter un de ces chiots.

Malheureusement, leurs parents ne veulent même pas en entendre parler. Chaque jeune décide donc d'écrire une lettre à ses parents pour essayer de les convaincre d'adopter un chiot. Éric et Alain habitent des maisons unifamiliales. Nicole, elle, habite un condo avec système de sécurité et gardien à l'entrée principale de l'immeuble.

Lis attentivement la lettre que chacun des jeunes a écrite. À ton avis, lequel des trois réussira le mieux à convaincre ses parents ? Pourquoi ?

Selon moi, _____ est le plus convaincant des trois parce que

_____

_____

_____

Lesquels des trois réussiront le moins bien à convaincre leurs parents ? Pourquoi ?

J'estime que _____ est le moins convaincant des trois parce que

_____

_____

_____

Je pense que _____ n'est pas très convaincant car

_____

_____

_____

Quoi : Construction de logements et installation des nouveaux habitants

Quand : Du 14 au 30 avril

Conditions de participation : Formation préliminaire lors de sessions mensuelles

Participation à des collectes de fonds

Si ce projet vous intéresse, veuillez faire parvenir une lettre au comité de sélection avant le 29 septembre. Expliquez pourquoi vous désirez participer au projet et comment vous pensez pouvoir y contribuer. Il y a 15 places disponibles.

Pour de plus amples informations, communiquez avec madame Claudine Joly ou monsieur Bertrand Ladouceur.

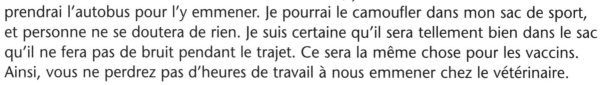

Papa! Maman! J'ai une faveur à vous demander.
La chienne de Guillaume a accouché d'une portée
de six chiots le mois dernier. Il reste un mâle sans foyer,
et j'aimerais avoir votre permission pour l'adopter.
Cela ne vous causera aucun ennui. Vous n'aurez ni
à vous déplacer pour les visites chez le vétérinaire
ni à vous occuper des soins à apporter au chien.
De plus, le chien contribuera à notre sécurité.

D'abord, vous n'aurez pas besoin de vous
rendre chez le vétérinaire, car j'irai moi-même
en empruntant les transports en commun. En effet,
une fois le moment venu de faire châtrer le chien, je
prendrai l'autobus pour l'y emmener. Je pourrai le camoufler dans mon sac de sport,
et personne ne se doutera de rien. Je suis certaine qu'il sera tellement bien dans le sac
qu'il ne fera pas de bruit pendant le trajet. Ce sera la même chose pour les vaccins.
Ainsi, vous ne perdrez pas d'heures de travail à nous emmener chez le vétérinaire.

Ensuite, vous n'aurez pas à vous préoccuper de l'entretien du chien. Entre autres, il
ne sera pas nécessaire d'aller au salon de toilettage du quartier pour lui donner le
bain, car il y a un très grand lave-auto dans l'immeuble. Lorsque Papa s'y rendra pour
nettoyer notre voiture, je pourrai utiliser un tuyau d'arrosage pour laver mon chien.
Papa aura juste à m'aider à régler les commandes, car les jets d'eau sont automatisés
maintenant. Vous voyez comme la toilette du chien serait facile et peu coûteuse!

Finalement, grâce à ce chien, nous serons en meilleure sécurité. Je sais qu'il existe
un système d'alarme dans l'immeuble. Mais on n'est jamais trop prudent. Ce chien
améliorera notre sécurité en aboyant à l'approche de pas dans le couloir menant à
notre condo. Le gardien de l'immeuble est un peu sourd, vous savez. Il passe son
temps à nous faire répéter ce qu'on lui dit, mes amies et moi. Il trouve que ce qu'on
dit est incompréhensible. Qui ne recherche pas la sécurité de nos jours?

J'espère que j'ai réussi à vous convaincre d'adopter un chien. Il ne vous obligera pas
à vous déplacer ou à prendre des heures sur votre temps de travail. Il sera toujours
propre, sans que cela coûte cher, parce que je profiterai du lave-auto de l'immeuble
pendant que Papa nettoiera notre voiture. Enfin, il augmentera notre sécurité. Qui
sait? Après, on pourra peut-être adopter un chat?

Nicole

Lundi 1er septembre

Chers membres du comité de sélection,

J'ai entendu parler du voyage en Haïti, et je vous écris pour vous dire que j'aimerais pouvoir participer à cette expérience et contribuer à ma manière au projet. En effet, j'aime travailler avec et pour d'autres, j'ai les habiletés nécessaires pour me rendre utile et je m'intéresse beaucoup aux œuvres humanitaires.

D'abord, je crois que mon environnement personnel m'a amenée à acquérir des habiletés pour le travail d'équipe, à m'organiser et à m'occuper de grands groupes. Puisque j'ai deux frères et une sœur à la maison, j'ai l'habitude d'aider à faire le souper pour six personnes. Je surveille aussi Jeanne, ma plus jeune sœur. J'ai appris à vivre avec ceux qui m'entourent et à les aider en faisant la vaisselle, en pliant le linge, etc. Ce sont pour moi des occasions de passer du temps avec ma famille. Je participe aussi souvent à l'organisation des réunions familiales rassemblant mes oncles, mes tantes et mes cousins. J'ai donc de l'expérience dans la préparation de soupers dansants pour une centaine de personnes, dans l'animation de foules et dans l'organisation d'activités pour des gens de tous les âges. Inutile de vous dire que je serai donc plus qu'à l'aise pour organiser des collectes de fonds et des journées de formation avec le groupe, et pour entrer en contact avec nos hôtes d'Haïti.

Cela m'amène à mon deuxième point : je possède des habiletés essentielles pour le type de travail que nous devrons effectuer en Haïti. Comme les jeunes qui iront là-bas passeront une bonne partie de leur temps à construire des maisons et à aider les gens à s'installer, il est important qu'ils soient en excellente forme physique et qu'ils soient habiles de leurs mains. Je vais courir tous les jours et je joue souvent au soccer avec mes amis. Je suis donc en grande forme et en bonne santé. Ce ne sera pas un problème pour moi de travailler de longues heures à transporter des matériaux ou à clouer des planches. Par ailleurs, je suis le cours de menuiserie de l'école. J'avoue que je suis assez fière des meubles que j'ai fabriqués. Je n'ai aucune difficulté à obtenir

des constructions solides, pratiques et esthétiques. En un mot, je serai ravie de mettre mes compétences physiques et manuelles au service des autres en aidant à construire des maisons.

Avant de terminer, je dois vous avouer que je rêve depuis longtemps de participer à un projet comme celui-ci. De fait, les projets d'aide humanitaire internationale m'attirent. J'aimerais leur consacrer une partie de ma vie. Ce voyage en Haïti avec l'école me permettrait de me faire une idée réaliste de ce qu'est l'aide humanitaire. C'est bien beau d'en entendre parler et de voir des images à la télévision, mais je crois qu'il faut aller sur place et agir pour vraiment savoir ce que c'est. En participant à ce voyage, je pourrai réfléchir, tâter le terrain, découvrir si cette vie me convient.

En somme, je crois que mon expérience de vie en groupe, mon habileté manuelle et ma forme physique, jumelées avec mon désir d'entreprendre une carrière dans le domaine des œuvres humanitaires, me permettront de profiter pleinement de l'expérience tout en étant un élément positif pour la troupe. D'avance, je vous remercie de l'attention que vous accorderez à ma demande.

Bien à vous,

Julie

Papa! Maman! Vous savez à quel point j'aime les chiens. J'ai quelque chose de très important à vous demander : je voudrais votre permission d'adopter un chien puisque personne dans la famille n'est allergique aux poils de chiens. Vous pourriez penser que c'est coûteux d'avoir un chien. Mais nous n'aurons pas besoin de l'acheter. De plus, la nourriture ne nous coûtera pas cher. Finalement, je sais comment faire laver le chiot à bon prix.

Tout d'abord, pour le chien lui-même, Antonio et moi sommes tombés sur une aubaine. Vous vous rappelez que la chienne de Guillaume attendait des chiots, n'est-ce pas? Eh bien! elle a accouché d'une portée de six chiots le mois dernier. Les femelles ont déjà de nouveaux propriétaires. Il reste juste à placer les deux mâles. Je voudrais en adopter un; Antonio prendrait l'autre. Il vient d'emménager avec sa famille à deux rues d'ici. Guillaume ne nous ferait pas payer les chiots, seulement la visite chez le vétérinaire pour les faire châtrer. Je pourrais d'ailleurs participer à cette dépense avec l'argent que je gagne comme camelot.

Puis, on trouve des prix très intéressants pour la nourriture pour chiens. J'ai vérifié dans les annonces de fin de semaine, chez notre épicier. Deux fois par mois, monsieur Gervais offre des rabais sur la nourriture pour les animaux domestiques. Quand ce sera le moment des rabais pour l'alimentation des chiens, il suffira de faire des provisions. Nous ferons ainsi des économies! Nous pourrions même acheter de la nourriture en gros avec la famille d'Antonio.

Finalement, on n'aura pas à aller au salon de toilettage du quartier. J'admets que cela peut être une corvée de laver un chien et de lui couper les griffes, surtout si le chien est un peu nerveux. De plus, ces soins coûtent cher. La chance nous sourit, car la sœur de Guillaume étudie en sciences animalières à notre cégep. Or, les élèves doivent régulièrement emmener des animaux et montrer leurs habiletés à donner le bain à divers animaux. Ils taillent aussi les griffes. Cela nous permettra encore de faire des économies. Le chien aura besoin de soins, mais il y a moyen d'en obtenir sans frais.

J'espère que j'ai réussi à vous convaincre d'adopter un chien. Comme vous voyez, le chien lui-même ne coûtera rien. Puis, les dépenses de nourriture seront minimes. Enfin, Guillaume nous aidera par l'intermédiaire de sa sœur, pour ce qui est du bain. Le chien sera toujours propre, sans que nous ayons à payer pour cela. Il y a longtemps que je désire avoir un chien. Qui sait si je ne deviendrai pas vétérinaire un jour?

Éric

Vendredi 5 septembre

Chers membres du comité de sélection,

Je m'appelle Laurie et je vous fais parvenir cette lettre avec l'espoir d'être choisie pour participer au voyage en Haïti. J'aimerais tellement visiter ce magnifique pays et apprendre la langue de ses habitants. Je crois aussi que je mérite de faire un tel voyage, car je travaille fort à l'école.

Pour commencer, je veux vous exprimer encore et encore mon enthousiasme à l'idée de visiter cette île perdue au milieu des Caraïbes. J'ai feuilleté des brochures touristiques et je suis allée voir des sites Internet sur le pays. Je dois vous dire que je suis complètement envoûtée par cet endroit. Je rêve de voir de mes propres yeux ces plages blanches et ces couchers de soleil flamboyants que j'imagine tellement romantiques. Comme j'aimerais respirer l'odeur des épices inconnues flottant dans les petits marchés en plein air. Comme j'aimerais goûter aux mangues, aux mandarines, aux papayes et aux ananas fraîchement cueillis. Comme j'aimerais choisir un charmant souvenir artisanal pour ma petite sœur! Tout simplement, passer quelques jours en ces lieux me comblerait de bonheur.

J'ai également beaucoup d'intérêt pour la langue communément parlée en Haïti, le créole. Eh oui, ce «jambalaya» de français, d'espagnol, de portugais, d'anglais, de néerlandais et de langues africaines m'intrigue et m'attire. De plus, j'ai une certaine facilité avec les langues. Cela me permettrait de retenir rapidement les mots et expressions créoles et probablement de pouvoir communiquer sans trop de difficultés avec les habitants de l'île. Bref, ce code de communication rassemblant plusieurs cultures est pour moi une langue émoustillante que je serais ravie d'acquérir.

Enfin, je crois que je mérite de faire ce voyage en Haïti parce que je réussis bien dans mes études. En effet, je m'intéresse aux cours, je participe en classe et je consacre une partie de mes soirées à relire mes notes. D'ailleurs, mes efforts ont été récompensés, puisque l'année dernière j'ai gagné le prix de la meilleure moyenne à mon niveau. Tout ça pour dire que l'école est importante pour moi et qu'une expédition dans les Caraïbes serait bien méritée.

Avant de vous laisser, j'aimerais vous rappeler que ce voyage en Haïti m'intéresse au plus haut point, car je rêve de visiter le pays, d'apprendre la langue créole et de prendre des vacances bien méritées étant donné mon travail scolaire. Pour toutes ces raisons, je crois que je serais un véritable atout pour le groupe de participants.

Recevez, chers membres du comité, mes salutations les plus sincères.

Laurie

Papa! Maman! J'ai quelque chose de très important
à vous demander. Comme personne dans la famille
n'est allergique aux poils de chiens, je voudrais votre
permission d'adopter un chien. Contrairement à ce que
vous pouvez penser, cela ne coûtera pas cher. Cela me
permettra aussi de mieux connaître Antonio, qui vient
d'arriver dans ma classe. De plus, le chien me poussera
à faire de l'exercice.

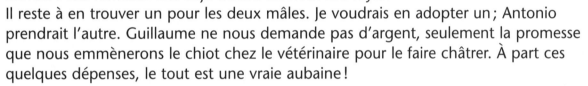

D'abord, ce nouveau membre de la famille ne nous
ruinera pas, loin de là. Il est vrai que nous devrons
acheter de la nourriture pour chiens. Mais l'animal
lui-même ne nous coûtera pas un sou. Savez-vous
que la chienne de Guillaume a eu des petits le mois
dernier? Les femelles ont déjà trouvé un nouveau foyer.
Il reste à en trouver un pour les deux mâles. Je voudrais en adopter un; Antonio
prendrait l'autre. Guillaume ne nous demande pas d'argent, seulement la promesse
que nous emmènerons le chiot chez le vétérinaire pour le faire châtrer. À part ces
quelques dépenses, le tout est une vraie aubaine!

Ensuite, grâce au chien, je me ferai un nouvel ami. Comme Antonio et moi habitons
à deux rues l'un de l'autre, nous pourrons sortir nos chiens ensemble après l'école.
On fera courir les deux frères au parc du coin, puis on rentrera à la maison avant que
vous ne soyez revenus du travail. Le moment venu, on les emmènera chez le vétérinaire.
Antonio est vraiment sympa, vous savez. Sa famille vient d'arriver du Chili. Je pourrai
l'aider à s'intégrer au Canada. Lui, il pourra me parler de son pays et même
m'apprendre un peu l'espagnol! Viva el nuevo amigo!

Finalement, en sortant mon chien, je ferai de l'exercice. Au lieu de passer mon temps
devant la télé quand vous n'êtes pas là, ce que vous me reprochiez la semaine dernière,
je marcherai. Cela m'amènera sans doute à perdre quelques kilos. Au bout d'un
moment, comme nous serons en forme, Antonio et moi pourrons nous présenter
à l'entraînement de l'équipe d'athlétisme de notre école.

J'espère que j'ai réussi à vous convaincre d'adopter un chien. Comme vous le voyez,
la dépense sera minime. Puis, je me ferai un nouvel ami, tout en apprenant des tas
de choses sur le Chili. Cela me permettra aussi d'être actif physiquement et donc
en meilleure forme. Qui sait? Vous apprendrez probablement à connaître les parents
d'Antonio et vous en ferez peut-être de nouveaux amis.

Alain

Mardi 9 septembre

Chers membres du comité de sélection,

Quand j'ai vu l'affiche parlant du voyage humanitaire en Haïti, j'ai tout de suite su qu'il fallait que je tente ma chance. Alors voilà, je vous demande de bien vouloir considérer ma demande de participation, car j'ai beaucoup d'intérêt pour l'aide apportée aux personnes dans le besoin, pour le projet de construction de maisons et pour le travail humanitaire en général.

En premier lieu, j'aimerais vous dire combien je trouve important le secours apporté aux personnes défavorisées. Par exemple, j'ai eu la chance de travailler dans un centre d'accueil pour les femmes qui sont dans le besoin. Je me suis alors rendu compte que tout le monde a quelque chose de beau à apporter et qu'il est important de donner à tout le monde la chance de s'épanouir. C'est pourquoi, l'aide aux personnes démunies occupe une place importante dans mon cœur.

En deuxième lieu, je crois que la diminution du taux de personnes sans abri devrait être une priorité mondiale et je serai fière de participer à une mission comme ce voyage en Haïti. À mon avis, tout le monde devrait avoir un logis décent. Si je peux mettre mes talents et mes efforts au service de ce beau projet, j'en serai ravie. J'ai la chair de poule en imaginant les visages rayonnants des habitants de là-bas.

En troisième lieu, j'ai une grande admiration pour le travail humanitaire. J'aime beaucoup lire les biographies d'individus exceptionnels qui ont lutté pour améliorer la condition de vie des personnes dans le besoin. Le monde est injuste, et je crois qu'il nous revient à nous, êtres humains, de diminuer les inégalités qui existent. C'est pourquoi, je crois qu'il est primordial d'encourager la solidarité dans le monde. J'aimerais beaucoup pouvoir le faire à ma façon.

En d'autres mots, je souhaite participer au voyage en Haïti, car j'ai un vif intérêt pour tout ce qui concerne l'aide aux moins fortunés, que ce soit des projets concrets comme la construction de maisons ou d'autres œuvres humanitaires. Je vous remercie de considérer ma demande de participation.

Bien à vous,

Jessica

1. **Auteurs les moins convaincants : Nicole (3.2a) et Laurie (3.3b).**

   Nicole et Laurie sont celles qui ont écrit les lettres les moins convaincantes. En effet, même si elles présentent et développent trois raisons différentes, le choix de leurs raisons et les détails qu'elles donnent à l'appui ne sont pas très pertinents, car elles n'ont pas su tenir compte de tous les éléments importants de la situation de communication.

   Voyons d'abord les faiblesses des raisons avancées par Nicole pour convaincre ses parents d'adopter un chien. La première raison, qui a trait au déplacement du chien en autobus pour se rendre chez le vétérinaire, n'est pas valable car il existe un règlement interdisant la présence d'animaux dans les autobus. Seuls les chiens-guides pour aveugles et les chiens policiers sont admis dans les transports en commun. La deuxième raison, qui porte sur le nettoyage du chien à l'aide des tuyaux d'arrosage du lave-auto de l'immeuble, ne convient pas non plus, tout simplement parce que la force des jets d'eau et l'utilisation de produits de nettoyage comportent des dangers à la fois pour Nicole et pour le chien. La troisième raison relative à la sécurité n'est pas plus convaincante que les deux précédentes. D'une part, en plus de la présence d'un gardien à l'entrée de l'immeuble, il existe déjà un système d'alarme. D'autre part, les aboiements du chien risquent fort d'indisposer les voisins. Quant au problème de surdité du gardien, il y a lieu de douter de son exactitude, car il est peu probable qu'on embauche pour ce genre de travail une personne malentendante. S'il arrive au gardien de demander aux jeunes adolescentes de répéter leurs propos, c'est peut-être tout simplement parce qu'il éprouve de la difficulté à comprendre leur façon de parler.

   Passons maintenant aux faiblesses des raisons présentées par Laurie pour convaincre les membres du comité de sélection de la choisir pour participer à un voyage en Haïti. La première raison, concernant l'attrait que représente ce voyage pour elle à cause du caractère exotique de ce pays, n'est pas appropriée car le but du voyage, tel que précisé dans la situation de communication, consiste à venir en aide aux démunis et non pas à faire du tourisme. La deuxième raison liée à l'idée d'apprendre le créole est également faible car, même si Laurie évoque la possibilité d'une meilleure communication avec les Haïtiens, elle semble mettre davantage l'accent sur l'enrichissement et la satisfaction personnels que lui procurera l'apprentissage de cette nouvelle langue. La troisième raison soulevant le fait que ce voyage récompenserait ses bons résultats scolaires n'est pas du tout appropriée car, encore une fois, elle n'a aucun rapport avec l'objectif visé par un tel voyage.

2. **Auteurs peu convaincants : Éric (3.3a) et Jessica (3.4b)**

   Éric et Jessica ont écrit des lettres peu convaincantes, bien qu'elles le soient plus que celles de Nicole et Laurie. En effet, quand on examine les raisons qu'ils avancent pour justifier leur opinion, on s'aperçoit que ces deux scripteurs ont tendance à répéter les mêmes raisons dans les trois paragraphes de développement. Éric, qui écrit à ses parents pour les convaincre d'adopter un chien, développe à trois reprises l'idée du coût peu élevé de cette adoption en indiquant qu'il ne sera pas nécessaire d'acheter le chien, que sa nourriture ne coûtera pas cher et que ses soins corporels seront gratuits. Quant à Jessica, qui écrit au comité de sélection du voyage en Haïti, elle invoque à trois reprises l'importance d'aider les personnes dans le besoin et son désir d'apporter sa contribution, mais sans expliquer en quoi elle possède les qualités requises pour effectuer le travail prévu lors de cette mission. Cela transparaît quand elle dit : «...tout le monde a quelque chose de beau à apporter... je serai ravie de mettre mes talents et efforts au service de ce beau projet... j'aimerais beaucoup pouvoir le faire à ma façon.»

3. **Auteurs les plus convaincants : Alain (3.4a) et Julie (3.2b)**

Alain et Julie ont rédigé les lettres les plus convaincantes. Pour appuyer leur opinion, ils ont choisi trois raisons bien appropriées qui conviennent à la situation tout en étant différentes les unes des autres. De plus, chaque raison est appuyée par des détails pertinents.

Par exemple, en évoquant les idées du coût minime du chien, de la nouvelle amitié qu'il pourra vivre grâce au chien et de l'exercice qu'il aura l'occasion de faire, Alain donne trois raisons différentes susceptibles de répondre à des préoccupations de ses parents. Quant à Julie, il est évident qu'elle a bien pensé à ses destinataires, car les habiletés sociales, manuelles et physiques qu'elle fait valoir dans sa lettre correspondent très bien à ce qui est exigé pour accomplir le type de travail décrit dans la situation de communication. Aussi, la mention de son intérêt pour une carrière dans le domaine de l'aide humanitaire pourrait influencer favorablement les membres du jury.

1. _____
2. _____
3. _____

1.

R _____

_____

D _____

_____

_____

_____

P _____

_____

2.

R _____

_____

D _____

_____

_____

_____

P _____

_____

3.

R _____

_____

D _____

_____

_____

_____

P _____

_____

1. 2. 3.

J'aimerais beaucoup pouvoir adopter un chien.

1. _____

2. Je me ferai un nouvel ami. _____

3. _____

1.

R Dépenses minimes
_____
_____

D _____
_____
_____
_____
_____

P _____
_____

2.

R _____
_____
_____

D Chacun apportera
quelque chose à l'autre :
– moi : l'aider à s'intégrer
– lui : me parler de son
pays et m'apprendre
sa langue

P _____
_____

3.

R _____
_____
_____

D kilos en moins,
meilleure forme
_____
_____
_____
_____

P Possibilité de participer
à l'athlétisme
_____

1. 2. 3.

Peux-tu m'aider à les remettre en ordre? Découpe les morceaux et colle-les sur une feuille en les plaçant correctement.

Merci!

Pour se mettre dans l'ambiance de la peur

Trak TV devrait passer plus de films d'horreur à l'approche de l'Halloween.

1. Source d'inspiration pour les compositions françaises

2. Source d'inspiration pour les costumes

3. Occasion de se détendre entre amis

1.

R Source d'inspiration pour les compositions françaises

D – Idées de sujets originaux
– Idées de péripéties
– Idées de fins

P Plus de créativité

2.

R Source d'inspiration pour les costumes

D – Toujours les mêmes costumes
– Films montrent de nouveaux personnages
– Possibilité de créer de nouveaux costumes

P Costumes plus variés, donc fête plus amusante

3.

R Occasion de se détendre entre amis

D – Pendant le film : ensemble sur le sofa, pop-corn, avoir peur ensemble
– Après le film : se moquer de ceux qui ont peur

P Tout le monde aime avoir un peu peur parfois

Films d'horreur donnent des idées pour **1.** compositions, **2.** costumes et **3.** soirées

Allez-vous passer à l'action en montrant plus de films d'horreur ?

Un chien S.V.P.!

J'aimerais beaucoup pouvoir adopter un chien.

1. Ça ne coûtera pas cher.

2. Je me ferai un nouvel ami.

3. Cela m'incitera à faire de l'exercice.

1.	**2.**	**3.**
R Dépenses minimes	**R** Nouvel ami	**R** Exercice
D À part nourriture et visite chez vétérinaire, pas de dépenses car chien gratuit	**D** Activités à deux : – promenades, jeux de ballon, visite chez le vétérinaire – Chacun apporterait quelque chose à l'autre : moi : l'aider à s'intégrer lui : me parler de son pays et m'apprendre sa langue	**D** – Promener le chien implique beaucoup de marche. – Résultat : kilos en moins, meilleure forme
P Résultat : une aubaine à ne pas manquer !	**P** Viva el nuevo amigo !	**P** Possibilité de participer à l'athlétisme

Pourquoi ne pas adopter un chien ? : **1.** peu coûteux, **2.** occasion de se faire un nouvel ami et **3.** occasion de se mettre en forme

Pour vous, les parents, occasion peut-être de vous faire de nouveaux amis.

Tes amis et toi avez remarqué qu'il y avait beaucoup de déchets dans la cour de l'école et que les élèves gaspillaient chaque jour de la nourriture à la cafétéria. Vous avez alors eu une idée de génie: vous voulez créer un comité de protection de l'environnement qui organiserait des activités pour sensibiliser les gens aux trois *R* (recycler, réutiliser, récupérer). Malheureusement, la direction de l'école ne vous prend pas au sérieux. Vous décidez donc de lui montrer que votre projet est réaliste et important en lui écrivant.

Lettre à la directrice au nom de tous les élèves ✂

Le 10 février 2004

Madame la directrice,

Nous sommes un groupe de 10 élèves de sixième année qui veut fonder un comité de protection de l'environnement pour améliorer la qualité de l'environnement dans notre école.

Nous tenons beaucoup à notre projet, car le problème est sérieux. Nous avons déjà plusieurs solutions en tête. Surtout, nous croyons que ce comité sera très efficace.

Tout d'abord, nous tenons à souligner qu'il y a un grave problème de déchets et de gaspillage dans notre école.

Par exemple, avez-vous remarqué qu'il est presque impossible de se promener dans la cour de récréation sans marcher sur un vieux paquet de bonbons ou sur une canette écrasée?

Il y a aussi d'autres problèmes. À la cafétéria en particulier, tous les jours, les poubelles se remplissent de croûtes de pain, de bananes et de pommes à moitié mangées, et de boîtes de jus presque pleines.

Il faut faire quelque chose!

Ensuite, pour régler ces problèmes, nous avons des solutions à proposer.

Entre autres choses, nous pourrons mettre en place des systèmes très simples pour recueillir séparément les canettes, les boîtes de jus, les ustensiles en plastique et le papier, à la cafétéria.

En même temps, nous pourrons organiser des événements, tels qu'une journée de l'environnement. Il y aura alors un concours de création artistique à partir d'objets recyclés accumulés par les participants, ou un rallye par équipes dont l'un des objectifs sera de ramasser le plus de déchets possible dans la cour de l'école.

En tout cas, nous ne manquons pas d'idées et nous sommes très motivés.

Enfin, nous croyons que notre comité sera très efficace, car il sera constitué d'élèves.

En voyant que les problèmes que nous voulons résoudre sont aussi leurs problèmes, et que les solutions que nous proposons sont amusantes, les autres élèves embarqueront sûrement dans les activités que nous proposerons.

De cette façon, tous ensemble, nous réussirons sans aucun doute dans cette entreprise importante à protéger l'environnement.

Pour terminer, nous aimerions juste vous rappeler que ce projet nous tient vraiment à cœur. Nous croyons en effet que l'école en a besoin et que nous avons beaucoup d'idées originales, réalistes et efficaces pour le réaliser. De plus, nous sommes convaincus que les autres participeront volontiers aux activités parce qu'elles seront organisées par des élèves.

Nous espérons que vous penserez à toutes ces raisons en examinant notre projet de comité de protection de l'environnement. Notre école et notre planète en valent la peine.

Recevez, madame la directrice, nos meilleures salutations.

Karine Bélanger
Au nom du groupe Action Environnement

Le 10 février 2004

Madame la directrice,

Nous sommes un groupe de 10 élèves de sixième année qui veut fonder un comité de protection de l'environnement pour améliorer la qualité de l'environnement dans notre école. Nous tenons beaucoup à notre projet, car le problème est sérieux. Nous avons déjà plusieurs solutions en tête. Surtout, nous croyons que ce comité sera très efficace.

Tout d'abord, nous tenons à souligner qu'il y a un grave problème de déchets et de gaspillage dans notre école. Par exemple, avez-vous remarqué qu'il est presque impossible de se promener dans la cour de récréation sans marcher sur un vieux paquet de bonbons ou sur une canette écrasée? Il y a aussi d'autres problèmes. À la cafétéria en particulier, tous les jours, les poubelles se remplissent de croûtes de pain, de bananes et de pommes à moitié mangées, et de boîtes de jus presque pleines. Il faut faire quelque chose!

Ensuite, pour régler ces problèmes, nous avons des solutions à proposer. Entre autres choses, nous pourrons mettre en place des systèmes très simples pour recueillir séparément les canettes, les boîtes de jus, les ustensiles en plastique et le papier, à la cafétéria. En même temps, nous pourrons organiser des événements, tels qu'une journée de l'environnement. Il y aura alors un concours de création artistique à partir d'objets recyclés accumulés par les participants, ou un rallye par équipes dont l'un des objectifs sera de ramasser le plus de déchets possible dans la cour de l'école. En tout cas, nous ne manquons pas d'idées et nous sommes très motivés.

Enfin, nous croyons que notre comité sera très efficace, car il sera constitué d'élèves. En voyant que les problèmes que nous voulons résoudre sont aussi leurs problèmes, et que les solutions que nous proposons sont amusantes, les autres élèves embarqueront sûrement dans les activités que nous proposerons. De cette façon, tous ensemble, nous réussirons sans aucun doute dans cette entreprise importante à protéger l'environnement.

Pour terminer, nous aimerions juste vous rappeler que ce projet nous tient vraiment à cœur. Nous croyons en effet que l'école en a besoin et que nous avons beaucoup d'idées originales, réalistes et efficaces pour le réaliser. De plus, nous sommes convaincus que les autres participeront volontiers aux activités parce qu'elles seront organisées par des élèves. Nous espérons que vous penserez à toutes ces raisons en examinant notre projet de comité de protection de l'environnement. Notre école et notre planète en valent la peine.

Recevez, madame la directrice, nos meilleures salutations.

Karine Bélanger,
Au nom du groupe Action Environnement

C'est l'hiver et le gymnase de l'école est en réparation. Le professeur d'éducation physique propose de continuer les cours dehors et de faire des activités d'hiver telles que le hockey, le traîneau, le soccer de neige, etc. Mais certains parents et d'autres professeurs pensent que les périodes réservées à l'éducation physique devraient être remplacées par des cours de mathématiques ou de français.

Mélissa, qui est en sixième année, sait ce qui lui plairait le plus et pourquoi. Elle décide d'écrire une lettre au journal de l'école pour tenter d'influencer la direction en présentant des arguments convaincants.

Chère Madame Gagnon,

Je ne veux pas qu'on supprime l'éducation physique. Une raison pour laquelle je dis ça, c'est que c'est amusant. Ça nous réveille pour les autres cours. On se concentre mieux. Tout le monde aime les sports d'hiver !

C'est pourquoi j'aime l'éduc.

La fin.

Mélissa

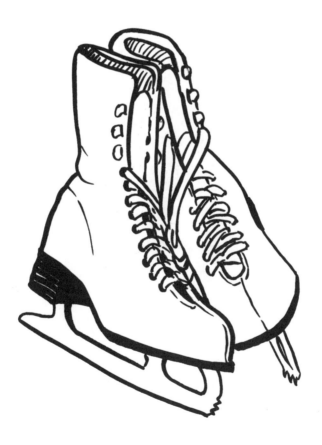

Cours d'éducation physique

Je ne veux pas qu'on supprime l'éducation physique.

1. C'est amusant. _____

2. Ça nous réveille. _____

3. Tout le monde aime les sports d'hiver. _____

Raisons 1 et 3 répétitives

1.

R C'est amusant. _____
_____
_____

D _____
_____

Raison non développée

_____
_____

P _____
_____
_____

2.

R Ça nous réveille. _____
_____
_____

D On se concentre _____
mieux. _____

Raison non développée

_____
_____

P _____
_____
_____

3.

R **Troisième raison à trouver**
_____

D _____
_____

Troisième raison à développer

_____
_____

P _____
_____
_____

Paragraphes incomplets

1. 2. 3. C'est pourquoi j'aime l'éduc. **On a changé de sujet !**

Pas d'ouverture

Tu partages ta chambre avec ton petit frère Jojo. Ta mère est bien contente, car ton frère, qui a sept ans, a peur la nuit et se sent en sécurité quand tu es là et que vous vous couchez à la même heure. Un jour, on libère le bureau, ce qui laisse une pièce vide. Ta mère a l'intention d'en faire une chambre d'invités. Toi, tu rêves de déménager dans cette pièce pour en faire ta chambre. Mais tu ne trouves pas d'occasion pour en parler à ta mère sans que Jojo soit là. Tu décides donc de lui écrire pour la convaincre de te donner ta propre chambre.

Stratégie 1 «Examen à la loupe»
(pour bien comprendre la situation de communication)

Je lis attentivement le texte décrivant la situation, et je me demande...   *Maintenant, je note ma réponse ici.*

– Qui est mon destinataire ?
  (À qui est-ce que j'écris ?)

– Qu'est-ce que je sais sur
  mon destinataire dans
  la situation décrite ?

– Qu'est-ce que je sais sur moi
  dans cette situation ?

– Pourquoi est-ce que j'écris ?   ☐ pour décrire   ☐ pour raconter   ☐ pour convaincre

– Quelle est mon opinion ?

– Qu'est-ce que mon destinataire
  risque de penser dans cette
  situation ?

– Qu'est-ce que, moi, je pense dans
  cette situation ?

Choix de situations de communication

1. Ton meilleur ami ou ta meilleure amie vient d'apprendre qu'il ou elle va partir vivre en Australie avec sa famille, pendant un an. Il ou elle est très triste de quitter ses amis et a un peu peur de déménager. Réconforte-le ou réconforte-la en lui montrant le bon côté des choses.

2. Bien que tes parents te donnent tout ce dont tu as besoin, tu aimerais beaucoup recevoir de l'argent de poche pour avoir plus de liberté. Quand tu en fais la demande, tes parents te répondent que ce n'est pas nécessaire. Persuade-les par écrit d'accepter ta suggestion.

Stratégie 1 « Examen à la loupe »
(pour bien comprendre la situation de communication)

Je lis attentivement le texte décrivant la situation, et je me demande...

Maintenant, je note ma réponse ici.

– Qui est mon destinataire ?
   (À qui est-ce que j'écris ?)

> Ma mère

– Qu'est-ce que je sais sur mon destinataire dans la situation décrite ?

> Elle est contente que je partage ma chambre avec mon petit frère. Elle veut qu'on se couche à la même heure. Elle veut avoir une chambre d'invités.

– Qu'est-ce que je sais sur moi dans cette situation ?

> Je partage ma chambre avec mon petit frère, mais je rêve d'avoir ma propre chambre. Je n'arrive pas à en parler avec ma mère. Je décide de lui écrire...

– Pourquoi est-ce que j'écris ?

☐ pour décrire   ☐ pour raconter   ☑ pour convaincre

– Quelle est mon opinion ?

> Je devrais avoir ma propre chambre.

– Qu'est-ce que mon destinataire risque de penser dans cette situation ?

> Elle va préférer que je reste avec mon petit frère. Elle veut pouvoir bien accueillir ses invités...

– Qu'est-ce que, moi, je pense dans cette situation ?

> Je veux mon espace à moi. Je veux me coucher quand je veux. Je veux éteindre la lumière plus tard. Je n'aime pas que mon petit frère touche à mes affaires. Je crois que je peux convaincre ma mère. Je ne peux pas lire ou faire mes devoirs ou étudier en paix. Je ne peux pas inviter mes amis dans ma chambre...

Stratégie 2 « Deux bords, d'abord »
(pour chercher des idées en tenant compte du destinataire)

Mon bord	L'autre bord
1. Mes idées :	**2.** Les idées de mon destinataire :
3. Ce que je peux dire pour convaincre mon destinataire :	**4.** Des idées que peut avoir le genre de personne qu'est mon destinataire :

Stratégie 2 «Deux bords, d'abord»
(pour chercher des idées en tenant compte du destinataire)

Mon bord	L'autre bord
1. Mes idées :	2. Les idées de mon destinataire :
– Je veux mon espace à moi.	– Elle va préférer que je reste avec mon petit frère.
– Je veux me coucher quand je veux.	– Elle veut pouvoir bien accueillir ses invités.
– Je veux éteindre la lumière plus tard.	
– Je n'aime pas que mon petit frère touche à mes affaires.	
– Je crois que je peux convaincre ma mère.	
– Je ne peux pas lire ou faire mes devoirs en paix.	
– Je ne peux pas inviter mes amis dans ma chambre.	
– Mon frère écoute tout ce qu'on dit et le répète.	
3. Ce que je peux dire pour convaincre mon destinataire :	4. Des idées que peut avoir le genre de personne qu'est mon destinataire :
– Si j'avais ma propre chambre, je pourrais garder mes affaires en ordre.	– Les parents aiment que leurs enfants apprennent à être responsables, indépendants.
– Je pourrais mieux étudier.	
– Je pourrais inviter mes ami(e)s.	– Ils aiment aussi qu'ils réussissent bien à l'école et aient de bonnes notes.
– Il est temps que mon petit frère devienne plus indépendant.	
– Quand il y aurait des invités, je pourrais retourner avec mon frère.	
– Je pourrais montrer que je suis responsable en faisant le ménage, en faisant mon lit, etc.	

Stratégie 3 « Raisons élastiques »
(pour chercher des détails)

J'écris l'une des raisons que je peux donner pour convaincre mon destinataire :

_____

Ensuite, j'imagine le plus de détails possible autour de cette raison en me posant plein de questions...

- C'est quoi ?
- Où ?
- Quand ?
- Comment ?
- Pourquoi ?
- Et alors ?

- Et en même temps ?
- Si... (quoi) ?
- Est-ce que tout le monde pense comme moi ? (Pourquoi ou pourquoi pas ?)

- Qui d'autre pense comme moi ? (Pourquoi ou pourquoi pas ?)
- etc.

Et je note mes réponses ici :

_____

_____

Maintenant, « j'étire l'élastique » le plus possible. J'ajoute à ma raison le plus de détails possible parmi ceux que j'ai trouvés. Par exemple :

(Élastique non étiré)

Je pourrais étudier.

(Élastique étiré)

Si j'avais ma propre chambre, je pourrais étudier sur la grande table du bureau,
Si... (quoi) ?   _Où ?_

après l'école, pendant que mon petit frère regarde la télé, parce qu'il me faut
Quand ?   _Pourquoi ?_

de bonnes notes pour le secondaire.

_____

_____

Stratégie 4 « L'arbre à l'envers »
(pour regrouper mes idées)

J'écris mon OPINION
sur le tronc.

Mon opinion

J'écris mes RAISONS
sur les grandes
branches.

J'écris les DÉTAILS
sur les petites
branches.

Raison n° 1

Raison n° 2

Raison n° 3

Raison n° 4

Détail

Détail

Détail

Détail

Détail

Détail

Détail

Détail

Détail

Détail

Détail

Détail

Détail

Détail

Détail

Détail

Fiche 8.3 Planification d'un texte d'opinion (corrigé)

Stratégie 4 « L'arbre à l'envers »
(pour regrouper mes idées)

J'écris les DÉTAILS
sur les petites
branches.

J'écris mes RAISONS
sur les grandes
branches.

J'écris mon OPINION
sur le tronc.

Mon opinion
Je devrais avoir ma propre
chambre.

Raison n° 1
Je pourrais mieux
étudier.

Raison n° 2
Je serais plus
autonome.

Raison n° 3
Je pourrais inviter
des amis.

Raison n° 4
Mon petit frère
doit être plus
indépendant.

Détail
Mes affaires

Détail
Moins de bruit

Détail
J'aimerais
commencer un
journal intime.

Détail
J'apprendrais à
faire le ménage
et à faire mon lit.

Détail
Je m'occuperais
de mes
vêtements.

Détail
Ça aiderait ma
mère.

Détail
Mon petit frère
me dérange.

Détail
Mon petit frère
écoute tout.

Détail
Mon petit frère
répète tout ce
qu'il entend.

Détail
Il est assez grand;
à son âge, je
dormais seul.

Détail
Quand il ira chez
ses amis, il
dormira sans moi.

Détail
Je ne serais pas
toujours à la
maison avec lui.

109

Stratégie 5 « Aperçu »
(pour avoir une vue d'ensemble de mon texte)

1. _____
2. _____
3. _____

1.	**2.**	**3.**
R _____	R _____	R _____
_____	_____	_____
_____	_____	_____
D _____	D _____	D _____
_____	_____	_____
_____	_____	_____
_____	_____	_____
_____	_____	_____
P _____	P _____	P _____
_____	_____	_____
_____	_____	_____

1. 2. 3.

✂

Ensuite, je trouve que ce qu'il y a de plus important, c'est d'avoir un représentant qui écoute l'opinion des autres.

Il est vrai qu'on ne peut pas plaire à tout le monde. Mais je crois que si on prend en compte le point de vue de chacun, le résultat n'en sera que meilleur. À mon avis, mon rôle serait justement de rassembler les idées de tous, de faire des compromis et d'arriver à une formule qui plaise au plus grand nombre.

Alors, si je suis élu, soyez sûrs que vous aurez votre mot à dire.

✂

D'abord, ce nouveau membre de la famille ne nous ruinera pas, loin de là. Il est vrai que nous devrons acheter de la nourriture pour chiens. Mais l'animal lui-même ne nous coûtera pas un sou.

Savez-vous que la chienne de Guillaume a eu des petits le mois dernier? Les femelles ont déjà trouvé un nouveau foyer. Il reste à en trouver un pour les deux mâles. Je voudrais en adopter un; Antonio prendrait l'autre. Guillaume ne nous demande pas d'argent, seulement la promesse que nous emmènerons le chiot chez le vétérinaire pour le faire châtrer.

À part ces quelques dépenses, le tout est une vraie aubaine!

Fiche 10.2 — Le paragraphe-puzzle de Stéphane : une première façon de développer une raison

Un paragraphe du discours de Stéphane pour l'élection du représentant de classe :

____
____
____
____
____
____

Quelle façon Stéphane utilise-t-il ici pour développer sa raison ?

____

Rappelle-toi la stratégie « Deux bords, d'abord » et indique tes réponses ci-dessous.

Mon bord	L'autre bord
1. La raison de Stéphane : ____________ ____________ ____________	**2.** L'idée contraire à laquelle Stéphane a pensé : ____________ ____________ ____________ ____________ ____________ ____________ ____________
3. Ce que Stéphane dit pour convaincre ses destinataires : ____________ ____________ ____________	

De quels mots ou groupes de mots Stéphane se sert-il pour introduire...

- l'idée contraire à laquelle il pense ?

____

- ses arguments pour convaincre ses destinataires ?

____

Fiche 10.3 Le paragraphe-puzzle d'Alain : une première façon de développer une raison

Un paragraphe de la lettre d'Alain à ses parents concernant l'adoption d'un chien :

____
____
____
____
____
____

Quelle façon Alain utilise-t-il ici pour développer sa raison ?

____

Rappelle-toi la stratégie « Deux bords, d'abord » et indique tes réponses ci-dessous.

Mon bord	L'autre bord
1. La raison d'Alain : ______ ______ ______	**2.** L'idée contraire à laquelle Alain a pensé : ______ ______ ______ ______ ______ ______ ______
3. Ce qu'Alain dit pour convaincre ses parents : ______ ______ ______	

De quels mots ou groupes de mots Alain se sert-il pour introduire...

- l'idée contraire à laquelle il pense ?

____

- ses arguments pour convaincre ses parents ?

____

Rédaction d'un texte d'opinion

Stratégie 6 : « 3 façons de DÉ-VE-LO-pper et des mots pour aider »
(pour développer une raison)

R
Raison

D
DÉ-VE-LO-ppement

Donner un Exemple

- Par exemple, [+ exemple]…
- …, d'autant plus que [+ exemple] qui/que…
- Il y a des _____ comme [+ exemple] qui…

- Il / Elle / Ils / Elles…
- Ce… / Cet… / Cette… / Ces…
- Dans ce cas-là, on voit bien que…

Votre Explication

- En effet…
- Comme…
- …, c'est-à-dire / …, c'est-à-dire que…

- …, ce qui fait que…
- …, surtout quand…
- Ainsi,…

Lancer une Objection

- C'est sûr que…
- Il est vrai que…
- Bien sûr,…

- …, mais…
- Pourtant
- Cependant,…

P
Phrase de clôture

Fiche 10.5 La raison de Stéphane

Un paragraphe du discours de Stéphane pour l'élection du représentant de classe : une première façon de développer une raison

> Ensuite, je trouve que ce qu'il y a de plus important, c'est d'avoir un représentant qui écoute l'opinion des autres. Il est vrai qu'on ne peut pas plaire à tout le monde. Mais je crois que si on prend en compte le point de vue de chacun, le résultat n'en sera que meilleur. À mon avis, mon rôle serait justement de rassembler les idées de tous, de faire des compromis et d'arriver à une formule qui plaise au plus grand nombre. Alors, si je suis élu, soyez sûrs que vous aurez votre mot à dire.

Quelle façon Stéphane utilise-t-il ici pour développer sa raison ?

____

Rappelle-toi la stratégie « Deux bords, d'abord » et indique tes réponses ci-dessous.

Mon bord	L'autre bord
1. La raison de Stéphane : ____________ ____________ ____________	**2.** L'idée contraire à laquelle Stéphane a pensé : ____________ ____________ ____________ ____________ ____________ ____________ ____________
3. Ce que Stéphane dit pour convaincre ses destinataires : ____________ ____________ ____________	

De quels mots ou groupes de mots Stéphane se sert-il pour introduire...

- l'idée contraire à laquelle il pense ?

  ____

- ses arguments pour convaincre ses destinataires ?

  ____

Un paragraphe de la lettre d'Alain à ses parents concernant l'adoption d'un chien : une première façon de développer une raison

> D'abord, ce nouveau membre de la famille ne nous ruinera pas, loin de là. Il est vrai que nous devrons acheter de la nourriture pour chiens. Mais l'animal lui-même ne nous coûtera pas un sou. Savez-vous que la chienne de Guillaume a eu des petits le mois dernier ? Les femelles ont déjà trouvé un nouveau foyer. Il reste à en trouver un pour les deux mâles. Je voudrais en adopter un ; Antonio prendrait l'autre. Guillaume ne nous demande pas d'argent, seulement la promesse que nous emmènerons le chiot chez le vétérinaire pour le faire châtrer. À part ces quelques dépenses, le tout est une vraie aubaine !

Quelle façon Alain utilise-t-il ici pour développer sa raison ?

_____

Rappelle-toi la stratégie « Deux bords, d'abord » et indique tes réponses ci-dessous.

Mon bord	**L'autre bord**
1. La raison d'Alain : _____ _____ _____	2. L'idée contraire à laquelle Alain a pensé : _____ _____ _____
3. Ce qu'Alain dit pour convaincre ses parents : _____ _____ _____	_____ _____ _____

De quels mots ou groupes de mots Alain se sert-il pour introduire...

- l'idée contraire à laquelle il pense ?

_____

- ses arguments pour convaincre ses parents ?

_____

Un autre paragraphe du discours de Stéphane pour l'élection du représentant de classe :

Parlons d'abord des idées originales. Je vous dis tout de suite que plusieurs projets germent déjà dans ma tête. Par exemple, que diriez-vous d'une superfête pour l'Halloween, d'un carnaval pour Noël et d'une journée « H_2O » avec, bien sûr, une énorme bataille d'eau ? Eh bien, ce n'est qu'un aperçu de toutes mes idées. Mais j'espère bien que nous pourrons les mettre à exécution.

Un autre paragraphe de la lettre d'Alain à ses parents concernant l'adoption d'un chien :

Ensuite, grâce au chien, je me ferai un nouvel ami. Comme Antonio et moi habitons à deux rues l'un de l'autre, nous pourrons sortir nos chiens ensemble après l'école. On fera courir les deux frères au parc du coin, puis on rentrera à la maison avant que vous ne soyez revenus du travail. Le moment venu, on les emmènera chez le vétérinaire. Antonio est vraiment sympa, vous savez. Sa famille vient d'arriver du Chili. Je pourrai l'aider à s'intégrer au Canada. Lui, il pourra me parler de son pays et même m'apprendre un peu l'espagnol ! Viva el nuevo amigo !

1. Quelle façon les deux auteurs utilisent-ils ici pour développer leur raison ?

    _____

    _____

2. Quels exemples donnent-ils...

    ... pour les fêtes à organiser à l'école ?

    _____

    ... pour les activités à faire avec un nouvel ami ?

    _____

3. Quels mots utilisent-ils pour introduire les exemples ?

    Stéphane : _____

    Alain : _____

4. Quels mots utilisent-ils pour rappeler les idées des phrases d'avant ?

    Stéphane : _____

    Alain : _____

R D P Une troisième façon de développer une raison

Un paragraphe de la lettre proposant à la directrice de l'école la création d'un comité de protection de l'environnement :

Enfin, nous croyons que notre comité sera très efficace, car il sera constitué d'élèves. En voyant que les problèmes que nous voulons résoudre sont aussi leurs problèmes, et que les solutions que nous proposons sont amusantes, les autres élèves embarqueront sûrement dans les activités que nous proposerons. De cette façon, tous ensemble, nous réussirons sans aucun doute dans cette entreprise importante à protéger l'environnement.

Un paragraphe du texte sur les films d'horreur à la télévision, pour le concours de l'Halloween :

Tout d'abord, les films d'horreur nous inspireraient pour les compositions françaises. Quand l'Halloween approche, les professeurs nous demandent souvent d'écrire des textes au sujet de cette fête. Or, on a parfois du mal à trouver un sujet qui sorte de l'ordinaire. Il ne s'agirait pas de copier les films qui passeraient à la télévision, juste de s'en inspirer. Certaines histoires pourraient en effet nous faire penser à des événements surprenants ou à une fin inattendue qu'on pourrait mettre dans nos compositions. Ainsi, le fait d'avoir plus de films épeurants à la télévision pourrait être un plus pour notre créativité, au moment d'écrire.

1. Quelle façon les auteurs utilisent-ils ici pour développer leur raison ?

   _____

   _____

2. Qu'est-ce que les auteurs expliquent ?

   Dans le paragraphe de la lettre sur le comité de protection de l'environnement :

   _____

   Dans le paragraphe du texte sur les films d'horreur à la télévision :

   _____

3. Quels mots montrent qu'on parle de la même chose dans la phrase « R » et dans la phrase « P » ?

   Dans le paragraphe de la lettre sur le comité de protection de l'environnement :

   R _____

   P _____

   Dans le paragraphe du texte sur les films d'horreur à la télévision :

   R _____

   P _____

Un paragraphe du discours de Stéphane pour l'élection du représentant de classe : une première façon de développer une raison

Ensuite, je trouve que ce qu'il y a de plus important, c'est d'avoir un représentant qui écoute l'opinion des autres. Il est vrai qu'on ne peut pas plaire à tout le monde. Mais je crois que si on prend en compte le point de vue de chacun, le résultat n'en sera que meilleur. À mon avis, mon rôle serait justement de rassembler les idées de tous, de faire des compromis et d'arriver à une formule qui plaise au plus grand nombre. Alors, si je suis élu, soyez sûrs que vous aurez votre mot à dire.

Quelle façon Stéphane utilise-t-il ici pour développer sa raison ?

Lancer une Objection.

Rappelle-toi la stratégie « Deux bords, d'abord » et indique tes réponses ci-dessous.

Mon bord	**L'autre bord**
1. La raison de Stéphane : Il écoutera tout le monde.	2. L'idée contraire à laquelle Stéphane a pensé : On ne peut pas plaire à tout le monde.
3. Ce que Stéphane dit pour convaincre ses destinataires : En étant ouvert aux idées de tous, il est possible de satisfaire le plus grand nombre.	

De quels mots ou groupes de mots Stéphane se sert-il pour introduire...

• l'idée contraire à laquelle il pense ?

Il est vrai que...

• ses arguments pour convaincre ses destinataires ?

Mais...

Un paragraphe de la lettre d'Alain à ses parents concernant l'adoption d'un chien: une première façon de développer une raison

> D'abord, ce nouveau membre de la famille ne nous ruinera pas, loin de là. Il est vrai que nous devrons acheter de la nourriture pour chiens. Mais l'animal lui-même ne nous coûtera pas un sou. Savez-vous que la chienne de Guillaume a eu des petits le mois dernier? Les femelles ont déjà trouvé un nouveau foyer. Il reste à en trouver un pour les deux mâles. Je voudrais en adopter un; Antonio prendrait l'autre. Guillaume ne nous demande pas d'argent, seulement la promesse que nous emmènerons le chiot chez le vétérinaire pour le faire châtrer. À part ces quelques dépenses, le tout est une vraie aubaine!

Quelle façon Alain utilise-t-il ici pour développer sa raison?

Lancer une Objection.

Rappelle-toi la stratégie « Deux bords, d'abord » et indique tes réponses ci-dessous.

Mon bord	L'autre bord
1. La raison d'Alain: Ça ne nous ruinera pas.	**2.** L'idée contraire à laquelle Alain a pensé: Le chien risque d'entraîner des dépenses.
3. Ce qu'Alain dit pour convaincre ses parents: C'est vrai qu'il faudra débourser un peu d'argent pour payer la nourriture. Mais comme le chien sera gratuit, le coût sera minime.	

De quels mots ou groupes de mots Alain se sert-il pour introduire...

- l'idée contraire à laquelle il pense?

  Il est vrai que...

- ses arguments pour convaincre ses parents?

  Mais...

Un autre paragraphe du discours de Stéphane pour l'élection du représentant de classe:

Parlons d'abord des idées originales. Je vous dis tout de suite que plusieurs projets germent déjà dans ma tête. Par exemple, que diriez-vous d'une superfête pour l'Halloween, d'un carnaval pour Noël et d'une journée « H_2O » avec, bien sûr, une énorme bataille d'eau? Eh bien, ce n'est qu'un aperçu de toutes mes idées. Mais j'espère bien que nous pourrons les mettre à exécution.

Un autre paragraphe de la lettre d'Alain à ses parents concernant l'adoption d'un chien:

Ensuite, grâce au chien, je me ferai un nouvel ami. Comme Antonio et moi habitons à deux rues l'un de l'autre, nous pourrons sortir nos chiens ensemble après l'école. On fera courir les deux frères au parc du coin, puis on rentrera à la maison avant que vous ne soyez revenus du travail. Le moment venu, on les emmènera chez le vétérinaire. Antonio est vraiment sympa, vous savez. Sa famille vient d'arriver du Chili. Je pourrai l'aider à s'intégrer au Canada. Lui, il pourra me parler de son pays et même m'apprendre un peu l'espagnol! Viva el nuevo amigo!

1. Quelle façon les deux auteurs utilisent-ils ici pour développer leur raison?

   Donner un Exemple.

2. Quels exemples donnent-ils...

   pour les fêtes à organiser à l'école?

   Une superfête pour l'Halloween, un carnaval pour Noël, une journée « H_2O ».

   pour les activités à faire avec un nouvel ami?

   Sortir les chiens, faire courir les deux frères, aller chez le vétérinaire, parler espagnol.

3. Quels mots utilisent-ils pour introduire les exemples?

   Stéphane: Par exemple...

   Alain: Utilisation du verbe « pouvoir »

4. Quels mots utilisent-ils pour rappeler les idées des phrases d'avant?

   Stéphane: « projets », ligne 1; « idées », ligne 4; « les », ligne 5 (qui rappellent « idées », ligne 1)

   Alain: « les deux frères », ligne 3; « les », ligne 4 (qui rappellent « nos chiens », ligne 2) et « sa »,

   ligne 5, ainsi que « l' », « lui », « il » et « son », ligne 6 (qui rappellent « Antonio », ligne 1)

Un paragraphe de la lettre proposant à la directrice de l'école la création d'un comité de protection de l'environnement :

Enfin, nous croyons que notre comité sera très efficace, car il sera constitué d'élèves. En voyant que les problèmes que nous voulons résoudre sont aussi leurs problèmes, et que les solutions que nous proposons sont amusantes, les autres élèves embarqueront sûrement dans les activités que nous proposerons. De cette façon, tous ensemble, nous réussirons sans aucun doute dans cette entreprise importante à protéger l'environnement.

Un paragraphe du texte sur les films d'horreur à la télévision, pour le concours de l'Halloween :

Tout d'abord, les films d'horreur nous inspireraient pour les compositions françaises. Quand l'Halloween approche, les professeurs nous demandent souvent d'écrire des textes au sujet de cette fête. Or, on a parfois du mal à trouver un sujet qui sorte de l'ordinaire. Il ne s'agirait pas de copier les films qui passeraient à la télévision, juste de s'en inspirer. Certaines histoires pourraient en effet nous faire penser à des événements surprenants ou à une fin inattendue qu'on pourrait mettre dans nos compositions. Ainsi, le fait d'avoir plus de films épeurants à la télévision pourrait être un plus pour notre créativité, au moment d'écrire.

1. Quelle façon les auteurs utilisent-ils ici pour développer leur raison ?

   Votre Explication.

2. Qu'est-ce que les auteurs expliquent ?

   Dans le paragraphe de la lettre sur le comité de protection de l'environnement :

   On explique pourquoi le comité proposé sera efficace.

   Dans le paragraphe du texte sur les films d'horreur à la télévision :

   On explique comment les films d'horreur pourraient inspirer les élèves pour leurs compositions françaises.

3. Quels mots montrent qu'on parle de la même chose dans la phrase « R » et dans la phrase « P » ?

   Dans le paragraphe de la lettre sur le comité de protection de l'environnement :

   R « notre comité », « efficace », « élèves »

   P « cette entreprise », « nous réussirons », « tous ensemble »

   Dans le paragraphe du texte sur les films d'horreur à la télévision :

   R « films d'horreur », « nous inspireraient », « pour les compositions françaises »

   P « films épeurants », « notre créativité », « au moment d'écrire »

Fiche 11.1 | **Rédaction d'un texte d'opinion**

Stratégie 7 « La carte des 3 RDP »
(pour enchaîner les phrases dans les paragraphes du développement)

PARAGRAPHE 1

Pour commencer mon paragraphe :

(mot de liaison)

_____

(ma première Raison)

Pour **D**évelopper ma première raison :

(mot de liaison)

- -

(phrase)

(mot de liaison)

- -

(phrase)

Phrase de clôture :

(mot de liaison)

- -

(phrase)

PARAGRAPHE 2

Pour commencer mon paragraphe :

(mot de liaison)

_____

(ma deuxième Raison)

Pour **D**évelopper ma deuxième raison :

(mot de liaison)

- -

(phrase)

(mot de liaison)

- -

(phrase)

Phrase de clôture :

(mot de liaison)

- -

(phrase)

PARAGRAPHE 3

Pour commencer mon paragraphe :

(mot de liaison)

_____

(ma troisième Raison)

Pour **D**évelopper ma troisième raison :

(mot de liaison)

- -

(phrase)

(mot de liaison)

- -

(phrase)

Phrase de clôture :

(mot de liaison)

- -

(phrase)

Pour les paragraphes du développement :

(1er) Premièrement,...

(2e) Deuxièmement,...

(3e) Troisièmement,...

(1er) Tout d'abord,...

(2e) Ensuite,...

(3e) Enfin,...

(1er) Une raison pour laquelle je..., c'est que...

(2e) Une autre raison pour laquelle je..., c'est que...

(3e) Une dernière raison pour laquelle je..., c'est que...

(1er) Pour commencer,...

(2e) De plus,...

(3e) Mais le plus important, c'est que...

Pour le paragraphe de conclusion :

Pour conclure,...

En conclusion,...

Ainsi,...

Pour terminer,...

Pour récapituler,...

Fiche 11.3 Rédaction d'un texte d'opinion (corrigé)

Stratégie 7 « La carte des 3 RDP »
(pour enchaîner les phrases dans les paragraphes du développement)

PARAGRAPHE 1

Pour commencer mon paragraphe :
(mot de liaison)

Tout d'abord, | ma propre autonomie

_____ (ma première **R**aison)

Pour **D**évelopper ma première raison :
(mot de liaison)

En effet, _____ me prendre en main

_____
(phrase)

(mot de liaison)

Par exemple, faire le ménage et faire mon lit

_____
(phrase)

Phrase de clôture :
(mot de liaison)

Ainsi, _____ motivé à être indépendant

_____
(phrase)

PARAGRAPHE 2

Pour commencer mon paragraphe :
(mot de liaison)

Ensuite, | l'autonomie de mon petit frère

_____ (ma deuxième **R**aison)

Pour **D**évelopper ma deuxième raison :
(mot de liaison)

Il est vrai que Jojo a peur. Mais à son âge, il

doit surmonter sa peur.
_____
(phrase)

(mot de liaison)

Retour à l'autonomie : apprendre à régler ses

problèmes et à ranger ses affaires
_____
(phrase)

Phrase de clôture :
(mot de liaison)

Bref, utile pour lui de se prendre en main

_____
(phrase)

PARAGRAPHE 3

Pour commencer mon paragraphe :
(mot de liaison)

Enfin, | je pourrais mieux étudier.

_____ (ma troisième **R**aison)

Pour **D**évelopper ma troisième raison :
(mot de liaison)

Maintenant, Jojo fait du bruit.

_____
(phrase)

(mot de liaison)

Tranquillité, donc concentration

_____
(phrase)

Phrase de clôture :
(mot de liaison)

Ainsi, meilleures notes à l'école

_____
(phrase)

Ma propre chambre

Maman, je t'écris pour te dire pourquoi je devrais avoir ma propre chambre. Je pense que cela me permettrait d'être plus autonome, que Jojo deviendrait lui aussi plus indépendant et surtout que cela me permettrait de mieux étudier.

Tout d'abord, avoir ma propre chambre me permettrait de devenir plus autonome. En effet, si j'avais une pièce pour moi tout seul, il faudrait vraiment que je me prenne en main. Par exemple, je ferais mon lit tous les matins et le ménage régulièrement. En plus, je rangerais mes affaires, parce que cet espace serait à moi et que je n'aurais pas peur que Jojo dérange tout. Comme tu le vois, le fait d'avoir ma chambre à moi me rendrait plus indépendant.

Ensuite, Jojo lui aussi deviendrait plus autonome. Il est vrai qu'il a peur quand je ne suis pas avec lui. Mais justement, il a sept ans maintenant; il est temps qu'il surmonte sa peur. Si je n'étais pas là, il apprendrait à régler ses problèmes seul, et à ranger ses vêtements et ses jouets. Bref, il apprendrait petit à petit à se prendre en main, ce qui serait très utile pour lui.

Enfin, si j'avais ma propre chambre, je pourrais mieux étudier. Présentement, quand Jojo joue dans la chambre, le soir, il fait du bruit, ce qui est tout à fait normal. Cela me dérange quand je fais mes devoirs. La solution que je propose me permettrait de plus m'appliquer dans mes études, car je serais plus tranquille, donc plus concentré. Ainsi, j'aurais de meilleures notes à l'école.

Pour conclure, si j'avais ma propre chambre, Jojo et moi, nous serions plus autonomes et il me serait plus facile d'étudier. Ce sont les principales raisons pour lesquelles j'aimerais beaucoup que tu acceptes de me donner le bureau plutôt que de le transformer en chambre d'amis. Merci d'avance d'examiner ma demande.

AVEC «que»:

Je pense que...

Je trouve que...

Quant à moi, je trouve que...

Personnellement, je trouve que...

Il me semble que...

Je suis sûr(e) que...

Je suis certain(e) que...

SANS «que»:

Selon moi,...

D'après moi,...

Pour moi,...

À mon avis,...

S'il te plaît, lis attentivement mon paragraphe et fais-moi au moins trois suggestions pour m'aider à le rendre plus convaincant.

Rappels:

- Ma raison: si j'avais ma propre chambre, je pourrais mieux étudier.

- Mes détails: meilleures notes, tranquillité, concentration, bruit

Enfin, si j'avais ma propre chambre, je pourrais beaucoup mieux étudier. Et pourtant, j'aurais de meilleures notes. Il est vrai que je serais plus tranquille. Meilleure concentration. Jojo ne me dérangerait pas. Pour conclure, je pourrais mieux étudier.

Écris ici tes suggestions:

1. _____

   _____

   _____

   _____

2. _____

   _____

   _____

   _____

3. _____

   _____

   _____

   _____

Merci!

Pour ajouter :

...un ou plusieurs mots

<u>très</u>

c'est une bonne idée

...une ou plusieurs phrases

Texte texte texte texte texte texte texte texte texte texte texte texte texte texte.[1] Texte texte texte texte texte texte texte texte texte texte texte texte texte texte texte texte.

[1] *J'écris ici, dans le bas de la page, la ou les phrases que je veux ajouter dans mon texte à l'endroit où j'ai écrit le chiffre 1 entre parenthèses.*

Pour supprimer :

~~mot~~

~~d'autres mots~~

Pour remplacer :

parole

de nouvelles paroles

~~mot~~

~~d'autres mots~~

Pour déplacer :

Je pense que cette partie de ma phrase

devrait (vraiment) aller là-bas.

Je relis attentivement mon paragraphe pour voir si...

1. je commence par une phrase énonçant ma raison
   (j'écris « R » dans la marge). ☐

2. j'ai ensuite le bon mot de liaison (je mets le mot entre [crochets]). ☐

3. je développe ma raison à l'aide de plusieurs phrases
   (j'écris « D » dans la marge). ☐

4. j'ai bien des phrases complètes (j'encercle les sujets et les verbes). ☐

5. je développe ma raison en Donnant un Exemple, en utilisant
   Votre Explication, en Lançant une Objection ou en me servant
   d'une autre stratégie. ☐

6. je développe ma raison en gardant la même idée générale (je souligne
   en rouge, dans toutes mes phrases, les mots qui parlent du même sujet). ☐

7. mes idées s'enchaînent bien (je souligne en vert les mots qui m'aident
   à enchaîner mes idées). ☐

8. je ne répète pas les mêmes idées ou les mêmes détails
   (je barre les mots inutiles, les mots qui se répètent). ☐

9. ma phrase de clôture termine bien mon paragraphe
   (j'écris « P » dans la marge). ☐

Stratégie 9 « À l'écoute des échos »
(pour vérifier qu'on reste dans le sujet)

« J'entends un bruit ! » (Ma première raison)

Des échos... (Les mots de mon paragraphe qui parlent de ma première raison)

« Un autre bruit ! » (Ma deuxième raison)

Des échos... (Les mots de mon paragraphe qui parlent de ma deuxième raison)

« Un troisième bruit ! » (Ma troisième raison)

Des échos... (Les mots de mon paragraphe qui parlent de ma troisième raison)

Stratégie 9 «À l'écoute des échos»
(pour vérifier qu'on reste dans le sujet)

«J'entends un bruit!» (Ma première raison)

> Des idées originales

Des échos... (Les mots de mon paragraphe qui parlent de ma première raison)

> projets

> idées

> batailles d'eau

> superfête

>

> carnaval

> journée H_2O

«Un autre bruit!» (Ma deuxième raison)

> Un représentant qui écoute l'opinion des autres

Des échos... (Les mots de mon paragraphe qui parlent de ma deuxième raison)

> mon rôle

> plaire au plus grand nombre

> point de vue de chacun

> faire des compromis

>

> rassembler les idées de tous

> votre mot à dire

«Un troisième bruit!» (Ma troisième raison)

> Un représentant capable de mettre à exécution les projets

Des échos... (Les mots de mon paragraphe qui parlent de ma troisième raison)

> têtu

> expérience de la négociation

> débrouillard

> solutions en cas de problème

> capable de défendre et réaliser vos rêves

> je ne lâche pas

> j'obtiens souvent ce que je désire

Fiche 14.3 | **Grille d'évaluation d'un paragraphe de développement**

L'élève :

1. a commencé son paragraphe par une phrase énonçant sa raison   /1

2. a utilisé un mot de liaison approprié   /1

3. a développé sa raison à l'aide de plusieurs phrases   /3

4. a fait des phrases complètes   /2

5. a développé sa raison en Donnant un Exemple, en utilisant Votre Explication, en Lançant une Objection ou en se servant d'une autre stratégie.   /3

6. a développé sa raison en gardant la même idée générale   /3

7. a bien enchaîné ses idées   /3

8. a évité de répéter les mêmes idées ou les mêmes détails   /2

9. a terminé son paragraphe par une phrase de clôture appropriée   /2

Total :   /20

Commentaires :

_____

_____

_____

_____

_____

_____

_____

_____

_____

_____

Choix de situations de communication

1. Paniers de Noël

Chaque année, avant Noël, l'école Champlain organise une campagne « Paniers de Noël » visant à venir en aide aux personnes démunies. La direction de l'école demande aux élèves d'apporter des denrées non périssables qui seront distribuées aux familles se trouvant dans le besoin.

Tu trouves que cette campagne est un très beau projet et tu souhaites qu'un grand nombre d'élèves y participent.

Tu sais que le journal Info-Champlain sort le 4 décembre. Tu décides de profiter de l'occasion pour faire connaître la campagne et convaincre les élèves et leurs parents de participer au projet en écrivant un texte.

2. Joueurs de hockey

Dans le dernier numéro d'Info-Champlain, le journal de l'école, un élève a écrit un article décrivant la vie des joueurs de hockey de la Ligue nationale de hockey. Il a terminé son texte en demandant aux lecteurs et aux lectrices s'ils croient que c'est juste que les hockeyeurs vedettes gagnent des millions de dollars. Il leur demande de répondre par écrit en ajoutant que les textes les plus convaincants seront publiés dans le prochain numéro du journal.

Ce sujet t'intéresse : tu es pour les gros salaires des joueurs ou tu trouves que ce n'est pas bien. Tu décides donc d'écrire un texte pour le journal, afin de faire connaître aux autres lecteurs et aux autres lectrices ce que tu penses, et pourquoi.

Étapes	Projet 2		Projet 3		Projet 4	
	Je coche ici	Initiales du professeur	Je coche ici	Initiales du professeur	Je coche ici	Initiales du professeur
Planification						
1) Examen à la loupe						
2) Deux bords, d'abord						
3) Raisons élastiques						
4) L'arbre à l'envers						
5) Aperçu						
Rédaction						
6) 3 façons de DÉ-VE-LO-pper						
7) La carte des 3 RDP						
8) Appui sur le plan						
Révision						
9) À l'écoute des échos						
Grille de vérification d'un paragraphe de développement						
Grille de vérification du texte d'opinion						

Pendant la préparation de la rédaction

1. Qu'as-tu fait avant d'écrire ? Comment as-tu fait pour trouver des raisons / des détails ?

2. Qu'est-ce qui t'a permis de choisir les meilleures raisons / les meilleurs détails ?

3. Quelles difficultés as-tu rencontrées ? Comment les as-tu surmontées ?

4. Quelle stratégie t'a été le plus utile ? Pourquoi ?

5. Dans quels autres contextes penses-tu pouvoir utiliser les mêmes stratégies ? Pourquoi ?

Pendant la rédaction

1. Pendant que tu écrivais, comment savais-tu que tu faisais ce qu'il fallait faire ? Y a-t-il eu des moments où tu t'es rendu compte que tu n'étais pas sur la bonne voie ? Qu'as-tu fait alors ?

2. Qu'est-ce qui t'a aidé(e) à rédiger ton texte ?

3. Quelles difficultés as-tu rencontrées ? Comment les as-tu surmontées ?

4. As-tu apporté des changements à ton plan ou à ton brouillon ? Lesquels ? Pourquoi ?

Après la rédaction

1. Penses-tu avoir écrit un bon texte ? Pourquoi ?

2. La prochaine fois que tu auras à écrire un texte du même genre, quelles façons de procéder vas-tu reprendre ? Qu'est-ce que tu vas changer dans ta façon de faire pour être plus efficace ?

Choix de situations de communication

Le journal de l'école invite ses lecteurs et ses lectrices à conseiller les autres élèves quant aux livres, aux films ou aux jeux à recommander ou à éviter. Tu peux choisir entre huit sujets d'article. Pour faire ton choix, complète l'une des phrases ci-dessous. Surtout, pense bien à développer au moins trois bonnes raisons différentes pour appuyer ton opinion.

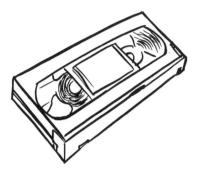

1. À mon avis, _____ est un bon film.

2. À mon avis, _____ est un bon jeu vidéo.

3. À mon avis, _____ est un bon livre.

4. À mon avis, _____ est une bonne émission de télévision.

5. À mon avis, _____ n'est pas un bon film.

6. À mon avis, _____ n'est pas un bon jeu vidéo.

7. À mon avis, _____ n'est pas un bon livre.

8. À mon avis, _____ n'est pas une bonne émission de télévision.

Opinion: Je pense qu'on devrait supprimer les vacances d'été et allonger les congés scolaires.

Raison: On pourrait mieux profiter des quatre saisons.

Paragraphe de Vincent:

Deuxièmement, on aurait le temps de profiter de chacune des quatre saisons. Les arbres ont de belles couleurs en automne. J'aime patiner et glisser sur les pentes. On a besoin d'une semaine ou deux de congé au printemps.

Paragraphe de Caroline:

Deuxièmement, si on avait des semaines de congé pendant toute l'année, on aurait le temps de profiter de chacune des quatre saisons. Par exemple, on pourrait aller voir les belles couleurs des arbres si on avait du temps libre en automne. En hiver, on pourrait passer des journées à patiner ou à glisser sur les pentes. De plus, une semaine ou deux de congé au printemps nous feraient du bien. Mais on ne connaît pas cette variété parce que toutes nos vacances ont lieu pendant l'été et que le reste de l'année, nous sommes enfermés dans l'école.

Fiche 21.1 Un mot pour t'aider à réviser ton texte

Chère ______________________________ ,

Cher ______________________________ ,

J'ai lu ton texte avec intérêt. J'aime en particulier ______________________________

____

____

____

____

____

C'est très bien !

En même temps, je pense que ton texte pourrait être encore plus convaincant si...

tu expliquais un peu plus ______________________________

____

____

tu ajoutais ______________________________

____

____

tu enlevais ______________________________

____

____

Qu'en penses-tu ?

Je te souhaite bonne chance dans ta révision !

____

(signature)

Nom : _____

Je relis attentivement mon texte.

Je relis d'abord l'introduction, pour voir si...

1. j'énonce clairement mon opinion (je souligne la phrase en rouge). ☐

2. j'annonce trois raisons différentes et appropriées (j'écris « 1 », « 2 » et « 3 » respectivement au-dessus de chaque raison). ☐

Je relis ensuite le développement, pour voir si dans le premier paragraphe...

3. je commence par une phrase énonçant ma première raison (j'écris « R1 » à côté, dans la marge). ☐

4. j'ai écrit un mot de liaison approprié au début (je mets le mot entre [crochets]). ☐

5. je développe ma raison à l'aide de plusieurs phrases (j'écris « D1 » à côté, dans la marge). ☐

6. j'ai fait des phrases complètes (j'encercle les sujets et les verbes). ☐

7. je développe ma raison en Donnant un Exemple, en utilisant Votre Explication, en Lançant une Objection ou en me servant d'une autre stratégie. ☐

8. je développe ma raison en gardant la même idée générale (je souligne en rouge, dans toutes mes phrases, les mots qui parlent du même sujet). ☐

9. mes idées s'enchaînent bien (je souligne en vert les mots qui m'aident à enchaîner mes idées). ☐

10. j'ai des répétitions (je barre les mots inutiles, les mots qui se répètent). ☐

11. j'ai une phrase de clôture qui termine bien mon premier paragraphe (j'écris « P1 » à côté, dans la marge). ☐

Dans le deuxième paragraphe,...

12. je commence par une phrase énonçant ma deuxième raison (j'écris « R2 » à côté, dans la marge). ☐

13. j'ai écrit un mot de liaison approprié au début (je mets le mot entre [crochets]). ☐

14. je développe ma raison à l'aide de plusieurs phrases (j'écris « D2 » à côté, dans la marge). ☐

15. j'ai fait des phrases complètes (j'encercle les sujets et les verbes). ☐

16. je développe ma raison en Donnant un Exemple, en utilisant Votre Explication, en Lançant une Objection ou en me servant d'une autre stratégie. ☐

17. je développe ma raison en gardant la même idée générale (je souligne en rouge, dans toutes mes phrases, les mots qui parlent du même sujet). ☐

18. mes idées s'enchaînent bien (je souligne en vert les mots qui m'aident à enchaîner mes idées). ☐

19. je n'ai pas de répétitions (je barre les mots inutiles, les mots qui se répètent). ☐

20. j'ai une phrase de clôture qui termine bien mon deuxième paragraphe (j'écris «P2» à côté, dans la marge). ☐

Dans le troisième paragraphe...

21. je commence par une phrase énonçant ma troisième raison (j'écris «R3» à côté, dans la marge). ☐

22. j'ai écrit un mot de liaison approprié au début (je mets le mot entre [crochets]). ☐

23. je développe ma raison à l'aide de plusieurs phrases (j'écris «D3» à côté, dans la marge). ☐

24. j'ai fait des phrases complètes (j'encercle les sujets et les verbes). ☐

25. je développe ma raison en Donnant un Exemple, en utilisant Votre Explication, en Lançant une Objection ou en me servant d'une autre stratégie. ☐

26. je développe ma raison en gardant la même idée générale (je souligne en rouge, dans toutes mes phrases, les mots qui parlent du même sujet). ☐

27. mes idées s'enchaînent bien (je souligne en vert les mots qui m'aident à enchaîner mes idées). ☐

28. je n'ai pas de répétitions (je barre les mots inutiles, les mots qui se répètent). ☐

29. j'ai une phrase de clôture qui termine bien mon troisième paragraphe (j'écris «P3» à côté, dans la marge). ☐

Enfin, je relis la conclusion, pour voir si...

30. je rappelle mon opinion (je la souligne en rouge). ☐

31. je rappelle mes trois raisons dans d'autres mots que ceux de l'introduction (j'écris «1», «2» et «3» respectivement au-dessus de chacune d'elles). ☐

32. j'ai écrit une phrase d'ouverture donnant une nouvelle idée en faisant une phrase complète (j'écris «O» à côté, dans la marge). ☐

Dans l'introduction, l'élève:

1. a énoncé clairement son opinion /2

2. a annoncé trois raisons différentes et appropriées /3

Dans le développement, l'élève:

premier paragraphe

3. a commencé par une phrase énonçant sa première raison /1

4. a utilisé un mot de liaison approprié /1

5. a développé sa raison à l'aide de plusieurs phrases /3

6. a fait des phrases complètes /2

7. a développé sa raison en Donnant un Exemple, en utilisant Votre Explication, en Lançant une Objection ou en se servant d'une autre stratégie /3

8. a développé sa raison en gardant la même idée générale /3

9. a bien enchaîné ses idées /3

10. a évité de répéter les mêmes idées ou les mêmes détails /2

11. a terminé son paragraphe par une phrase de clôture appropriée /2

deuxième paragraphe

12. a commencé par une phrase énonçant sa deuxième raison /1

13. a utilisé un mot de liaison approprié /1

14. a développé sa raison à l'aide de plusieurs phrases /3

15. a fait des phrases complètes /2

16. a développé sa raison en Donnant un Exemple, en utilisant Votre Explication, en Lançant une Objection ou en se servant d'une autre stratégie /3

17. a développé sa raison en gardant la même idée générale /3

18. a bien enchaîné ses idées /3

19. a évité de répéter les mêmes idées ou les mêmes détails /2

20. a terminé son paragraphe par une phrase de clôture appropriée /2

troisième paragraphe

21. a commencé par une phrase énonçant sa troisième raison /1

22. a utilisé un mot de liaison approprié /1

23. a développé sa raison à l'aide de plusieurs phrases /3

24. a fait des phrases complètes /2

25. a développé sa raison en Donnant un Exemple, en utilisant Votre Explication, en Lançant une Objection ou en se servant d'une autre stratégie /3

26. a développé sa raison en gardant la même idée générale /3

27. a bien enchaîné ses idées /3

28. a évité de répéter les mêmes idées ou les mêmes détails /2

29. a terminé son paragraphe par une phrase de clôture appropriée /2

Dans la conclusion, l'élève :

30. a rappelé son opinion /1

31. a rappelé ses trois raisons dans d'autres mots que ceux de l'introduction /2

32. a écrit une phrase d'ouverture donnant une nouvelle idée en faisant une phrase complète /2

Total : /70

Commentaires :

_____

_____

_____

_____

_____

_____

_____

_____

_____

_____

_____

_____

_____

_____

_____

Choix de situations de communication

1. Mon cadeau de Noël

Noël approche, et tu penses à ton cadeau de Noël.

Tu rêves d'avoir un _____

_____ (ou une _____).

Tu en as déjà parlé à ta mère ou à ton père.

Mais d'après sa réaction, tu n'es pas sûr(e)

qu'elle ou il ait l'intention de t'offrir ce que

tu souhaites. Tu décides donc de lui écrire

pour essayer de la ou le convaincre que

ton idée est une bonne idée de cadeau.

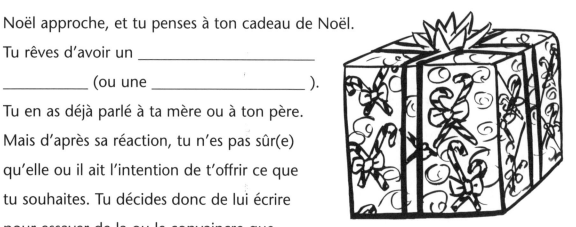

2. Un changement à l'école

La directrice de l'école Champlain réfléchit aux façons d'améliorer la vie de l'école. C'est pourquoi, elle aimerait que les élèves lui écrivent leurs suggestions. Il y a quelque chose qui te tient vraiment à cœur. Par exemple, tu aimerais beaucoup qu'il y ait moins de devoirs. Tu voudrais qu'il y ait plus de modules dans le parc. Tu souhaiterais faire une sortie en particulier. Tu décides donc d'envoyer ta suggestion à la directrice en faisant de ton mieux pour la convaincre de l'accepter.

Critères d'évaluation

	premier paragraphe	*deuxième paragraphe*
1. L'auteur a choisi une bonne raison, étant donné le destinataire.	/10	/10
2. L'auteur(e) est resté(e) dans le sujet.	/10	/10
3. L'auteur(e) a bien enchaîné ses idées.	/10	/10

Premier paragraphe

Premièrement, j'aime cette chambre. Il n'y a pas beaucoup de bruit. Il laisse ses jouets traîner par terre. Je suis tout le temps en train de ramasser du linge. Ça me permettra de faire mes devoirs sur le bureau. On sera tranquilles. J'aime cette chambre.

Deuxième paragraphe

Deuxièmement, quand il y aura des invités, je pourrai retourner dans la chambre avec Jojo. Eux seront à l'aise dans mon lit et lui sera content de me revoir. Ça ne sera pas compliqué. Je dormirai par terre sur le matelas gonflable qu'on garde dans le placard. Il est vrai que ces déménagements demanderont un peu de travail. Mais ne t'inquiète pas, Maman, je m'en occuperai sans chialer. Tu verras, tu n'auras même pas besoin de me demander de ranger après !

BIBLIOGRAPHIE

Adam, J.-M. (1992). *Les textes : types et prototypes. Récit, description, argumentation, explication et dialogue,* Paris, Nathan.

Armbruster, B., Anderson, T. et Ostertag, J. (1989). « Teaching Text Structure to Improve Reading and Writing », *The Reading Teacher,* 43(2), p. 130-137.

Barth, B.-M. (1992). *Le savoir en construction. Former à une pédagogie de la compréhension,* Paris, Retz.

Bereiter, C., et Scardamalia. M. (1987). *The Psychology of Written Composition,* Hillsdale (New Jersey), Laurence Erlbaum Associates.

Blain, S. (1995). « Écrire et réviser avec ses pairs », *Québec français,* n° 97 (printemps), p. 28-31.

Boscolo, P. (1999). « Métacognition et production écrite », dans P.-A. Doudin, D. Martin et O. Albanese (dir.), *Métacognition et éducation,* Berne, Lang, p. 225-242.

Brassart, G. (1988). « Pourquoi et comment analyser et représenter le texte argumentatif (écrit) », *Recherches,* n° 9 (nov.), p. 123-164.

_____ (1990). « Le développement des capacités discursives chez l'enfant de 8 à 12 ans. Le discours argumentatif écrit (étude didactique) », *Revue française de pédagogie,* n° 90 (janv.-mars), p. 31-41.

_____ (1998). « Approches cognitives de la didactique de la composition écrite », *Psychologie et Éducation,* n° 33 (juin), p. 13-29.

Brossard, M., Labroille, M., Lambelin, E., Nancy, B. et Rongaud-Sabbah, D. (1996). « Rôle du contexte dans les écrits scolaires. Recherche sur les productions écrites d'élèves d'un lycée professionnel », dans C. Barré-De Miniac (dir.), *Vers une didactique de l'écriture. Pour une approche pluridisciplinaire,* Bruxelles, De Boeck, p. 71-84.

Burkhalter, N. (1995). « A Vygotsky-Based Curriculum for Teaching Persuasive Writing in the Elementary Grades », *Language Arts,* n° 72 (mars), p. 192-199.

Cavanagh, M. (1997). *L'effet de l'enseignement d'une stratégie de planification sur la production écrite en français langue maternelle et langue seconde.* Mémoire de maîtrise, Université de l'Alberta, Edmonton (Alberta).

Cavanagh, M. (2002). *Production d'un texte d'opinion : évaluation auprès d'élèves du primaire d'un programme d'intervention pédagogique axé sur les processus rédactionnels.* Thèse de doctorat inédite. Université de Sherbrooke (Québec).

Charolles, M. (1978). « Introduction aux problèmes de la cohérence des textes », *Langue française,* n° 38, p. 7-41.

Cornaire, C. et Raymond, P. (1994). *Le point sur la production écrite en didactique des langues,* Anjou (Québec), Centre Éducatif et Culturel.

Danoff, B., Harris, K. et Graham, S. (1993). « Incorporating Strategy Instruction within the Writing Process in the Regular Classroom : Effects on the Writing of Students with and without Learning Disabilities », *Journal of Reading Behavior*, 25(3), p. 295-322.

De La Paz, S. (1997). « Strategy Instruction in Planning : Teaching Students with Learning and Writing Disabilities to Compose Persuasive and Expository Essays », *Learning Disabilities Quarterly*, n° 20 (été), p. 227-246.

Deschênes, A.-J. (1988). *La compréhension et la production de textes*, Sillery (Québec), Presses de l'Université du Québec.

Dolz, J., Pasquier, A. et Bronckart, J. (1993). « L'acquisition des discours. Émergence d'une compétence ou apprentissage de capacités langagières diverses ? », *Études de linguistique appliquée*, n° 92 (oct.-déc.), p. 23-37.

Ducancel, G. et Finet, C. (1994). « Construction de savoirs métalinguistiques à l'école primaire », *Repères*, n° 9, p. 93-117.

Englert, C., Raphael, T., Anderson, L., Anthony, H. et Stevens, D. (1991). « Making Strategies and Self-Talk Visible : Writing Instruction in Regular and Special Education Classrooms », *American Educational Research Journal*, 28(2), p. 337-372.

Fayol, M. (1991). « La production d'écrits et la psychologie cognitive », *Le français aujourd'hui*, n° 93 (mars), p. 21-24.

Fortier, G. et Préfontaine, C. (1994). « Pauses, relecture et processus d'écriture », *Revue des sciences de l'éducation*, XX(2), p. 203-220.

Garcia-Debanc, C. (1990). *L'élève et la production d'écrits*, Metz, Centre d'analyse syntaxique de l'Université de Metz.

Golder, C. (1992). « Argumenter : de la justification à la négociation », *Archives de psychologie*, n° 60, p. 3-24.

_____ (1996). *Le développement des discours argumentatifs*, Lausanne, Delachaux et Niestlé.

Graham, S. et Harris, K. (1993). « Self-regulated Strategy Development : Helping Students with Learning Problems Develop as Writers », *The Elementary School Journal*, 94(2), p. 169-181.

Graham, S., Harris, K., MacArthur, C. et Schwartz, S. (1991). Writing and Writing Instruction for Students with Learning Disabilities : Review of a Research Program. *Learning Disability Quarterly*, 14 (printemps), p. 89-114.

Groupe EVA (1996). *De l'évaluation à la réécriture*, Paris, Hachette.

Hayes, J. (1995). « Un nouveau modèle du processus d'écriture », dans J.-Y. Boyer, J.-P. Dionne et P. Raymond (dir.), *La production de textes. Vers un modèle d'enseignement de l'écriture*, Montréal, Éditions Logiques, p. 49-72.

Jolibert, J. (1994). *Former des enfants producteurs de textes*, Paris, Hachette.

Lafortune, L., Jacob, S. et Hébert, D. (2000). *Pour guider la métacognition*, Sainte-Foy (Québec), Presses de l'Université du Québec.

Le Lann, J. et Devanne, B. (1991). «La classe de neige, c'est chouette! Une pratique de l'argumentation au cours moyen», *Le français aujourd'hui*, n° 93 (mars), p. 49-60.

Moirand, S. (1990). *Une grammaire des textes et des dialogues*, Paris, Hachette.

Pepin, L. (1998). *La cohérence textuelle. L'évaluer et l'enseigner*, Laval (Québec), Beauchemin.

Perrenoud, P. (1997). *Construire des compétences dès l'école*, Paris, ESF Éditeur.

Préfontaine, C. (1998). *Écrire et enseigner à écrire*, Montréal, Éditions Logiques.

Reuter, Y. (1996). *Enseigner et apprendre à écrire*, Paris, ESF.

Roussey, J.-Y., Akiguet, S., Gombert, A. et Piolat, A. (1995). «Étude de l'utilisation du schéma argumentatif par des rédacteurs âgés de 8 à 11 ans», *Enfance*, n° 2, p. 205-214.

Roussey, J.-Y. et Gombert, A. (1992). «Écriture en dyade d'un texte argumentatif par des enfants de huit ans», *Archives de psychologie*, n° 60, p. 297-315.

Saint-Laurent, L., Giasson, J., Simard, C., Dionne, J. et Royer, É. (1995). *Programme d'intervention auprès des élèves à risque. Une nouvelle option éducative*, Boucherville (Québec), Gaëtan Morin Éditeur.

Scardamalia, M. et Bereiter, C. (1998). «L'expertise en lecture-rédaction», dans A. Piolat et A. Pélissier (dir.), *Rédaction de textes. Approche cognitive*, Lausanne, Delachaux et Niestlé, p. 13-50.

Tardif, J. (1992). *Pour un enseignement stratégique. L'apport de la psychologie cognitive*, Montréal, Éditions logiques.

_____ (1999). *Le transfert des apprentissages*, Montréal, Éditions logiques.

Tardif, J. et Meirieu, P. (1996). «Stratégie pour favoriser le transfert des connaissances», *Vie pédagogique*, n° 98 (mars-avril), p. 4-7.

Turco, G., Plane, S. et Mas, M. (1994). «Construire des compétences en révision/réécriture au cycle 3 de l'école primaire», *Repères*, n° 10, p. 73-80.

Vygotsy, L. (1934/1985). *Pensée et langage*, Paris, Éditions Sociales.

Chenelière/Didactique

Droits et libertés... à visage découvert
Au Québec et au Canada
Sylvie Loslier, Nicole Pothier

Et si un geste simple donnait des résultats...
Guide d'intervention personnalisée auprès des élèves
Hélène Trudeau et coll.

J'apprends à être heureux
Robert A. Sullo

La réparation: pour une restructuration de la discipline à l'école
Diane C. Gossen
• Manuel
• Guide d'animation

La théorie du choix
William Glasser

L'éducation aux droits et aux responsabilités au primaire
Commission des droits de la personne et des droits de la jeunesse du Québec

L'éducation aux droits et aux responsabilités au secondaire
Commission des droits de la personne et des droits de la jeunesse du Québec

Mon monde de qualité
Carleen Glasser

PACTE: Un programme de développement d'habiletés socio-affectives
B. W. Doucette, S. M. Fowler
• Trousse pour 4e à 7e année (primaire)
• Trousse pour 7e à 12e année (secondaire)

Programme d'activités en service de garde
Activités pédagogiques journalières
Andrée Laforest

Vivre en équilibre
Des outils d'animation et d'intervention de groupe
Francine Bélair

Ec ÉDUCATION À LA COOPÉRATION

Ajouter aux compétences
Enseigner, coopérer et apprendre au postsecondaire
Jim Howden, Marguerite Kopiec

Apprendre la démocratie
Guide de sensibilisation et de formation selon l'apprentissage coopératif
C. Évangéliste-Perron, M. Sabourin, C. Sinagra

Apprenons ensemble
L'apprentissage coopératif en groupes restreints
Judy Clarke et coll.

Coopérer pour réussir
Scénarios d'activités coopératives pour développer des compétences
M. Sabourin, L. Bernard, M.-F. Duchesneau, O. Fugère, S. Ladouceur, A. Andreoli, M. Trudel, B. Campeau, F. Gévry

• Préscolaire et 1er cycle du primaire
• 2e et 3e cycles du primaire

Découvrir la coopération
Activités d'apprentissage coopératif pour les enfants de 3 à 8 ans
B. Chambers et coll.

Je coopère, je m'amuse
100 jeux coopératifs à découvrir
Christine Fortin

La coopération au fil des jours
Des outils pour apprendre à coopérer
Jim Howden, Huguette Martin

La coopération en classe
Guide pratique appliqué à l'enseignement quotidien
Denise Gaudet et coll.

L'apprentissage coopératif
Théories, méthodes, activités
Philip C. Abrami et coll.

Le travail de groupe
Stratégies d'enseignement pour la classe hétérogène
Elizabeth G. Cohen

Structurer le succès
Un calendrier d'implantation de la coopération
Jim Howden, Marguerite Kopiec

E ÉVALUATION ET COMPÉTENCES

Comment construire des compétences en classe
Des outils pour la réforme
Steve Bisonnette, Mario Richard

Le plan de rééducation individualisé (PRI)
Une approche prometteuse pour prévenir le redoublement
Jacinthe Leblanc

Le portfolio
Évaluer pour apprendre
Louise Dore, Nathalie Michaud, Libérata Mukarugagi

Le portfolio au service de l'apprentissage et de l'évaluation
Roger Farr, Bruce Tone
Adaptation française: Pierrette Jalbert

Le portfolio de développement professionnel continu
Richard Desjardins

Portfolios et dossiers d'apprentissage
Georgette Goupil
• Vidéocassette

Profil d'évaluation
Une analyse pour personnaliser votre pratique
Louise M. Bélair
• Guide du formateur

G   GESTION DE CLASSE

À la maternelle... voir GRAND!
Louise Sarrasin, Marie-Christine Poisson

Apprivoiser les différences
Guide sur la différenciation des apprentissages et
la gestion des cycles
Jacqueline Caron

Apprendre... c'est un beau jeu
L'éducation des jeunes enfants dans un centre
préscolaire
M. Baulu-MacWillie, R. Samson

Bien s'entendre pour apprendre
Réduire les conflits et accroître la coopération,
du préscolaire au 3e cycle
*Lee Canter, Katia Petersen, Louise Dore,
Sandra Rosenberg*

Construire une classe axée sur l'enfant
S. Schwartz, M. Pollishuke

Je danse mon enfance
Guide d'activités d'expression corporelle
et de jeux en mouvement
Marie Roy

La classe différenciée
Carol Ann Tomlinson

La multiclasse
Outils, stratégies et pratiques pour la classe multi-
âge et multiprogramme
Colleen Politano, Anne Davies
Adaptation française : Monique Le Pailleur

Le conseil de coopération
Un outil pédagogique pour l'organisation de la vie
de classe et la gestion des conflits
Danielle Jasmin

L'enfant-vedette (vidéocassette)
Alan Taylor, Louise Sarrasin

Ma première classe
Stratégies gagnantes pour les nouveaux enseignants
Teresa Langness, Hélène Bombardier, Elourdes Pierre

Pirouettes et compagnie
Jeux d'expression dramatique, d'éveil sonore et de
mouvement pour les enfants de 1 an à 6 ans
Veronicah Larkin, Louie Suthers

Quand les enfants s'en mêlent
Ateliers et scénarios pour une meilleure motivation
Lisette Ouellet

Quand revient septembre...
Jacqueline Caron
• GUIDE SUR LA GESTION DE CLASSE PARTICIPATIVE
  (VOLUME 1)
• RECUEIL D'OUTILS ORGANISATIONNELS (VOLUME 2)

Une enfance pour s'épanouir
Des outils pour le développement global de l'enfant
Sylvie Desrosiers, Sylvie Laurendeau

L   LANGUE ET COMMUNICATION

À livres ouverts
Activités de lecture pour les élèves du primaire
Debbie Sturgeon

Attention, j'écoute
Jean Gilliam DeGaetano

Chercher, analyser, évaluer
Activités de recherche méthodologique
Carol Koechlin, Sandi Zwaan

Conscience phonologique
*Marilyn J. Adams, Barbara R. Foorman,
Ingvar Lundberg, Terri Beeler*

De l'image à l'action
Pour développer les habiletés de base nécessaires aux
apprentissages scolaires
Jean Gilliam DeGaetano

Écouter, comprendre et agir
Activités pour développer les habiletés d'écoute,
d'attention et de compréhension verbale
Jean Gilliam DeGaetano

Émergence de l'écrit
Éducation préscolaire et premier cycle du primaire
Andrée Gaudreau

Histoire de lire
La littérature jeunesse dans l'enseignement
quotidien
Danièle Courchesne

L'apprenti lecteur
Activités de conscience phonologique
Brigitte Stanké

L'art de communiquer oralement
Jeux et exercices d'expression orale
Cathy Miyata, Louise Dore, Sandra Rosenberg

L'extrait, outil de découvertes
Le livre au cœur des apprentissages
Hélène Bombardier, Elourdes Pierre

Le français en projets
Activités d'écriture et de communication orale
Line Massé, Nicole Rozon, Gérald Séguin

Le sondage d'observation en lecture-écriture
Mary Clay, Gisèle Bourque, Diana Masny
• Livret LES ROCHES
• Livret SUIS-MOI, MADAME LA LUNE

Le théâtre dans ma classe, c'est possible!
Lise Gascon

Lire et écrire à la maison
Programme de littératie familiale favorisant
l'apprentissage de la lecture
Lise Saint-Laurent, Jocelyne Giasson, Michèle Drolet

**Lire et écrire en première année...
et pour le reste de sa vie**
Yves Nadon

Plaisir d'apprendre
Louise Dore, Nathalie Michaud

Question de réflexion
Activités basées sur les 42 concepts langagiers de Boehm

Une phrase à la fois
Brigitte Stanké, Odile Tardieu

P   PARTENARIAT ET LEADERSHIP

Avant et après l'école
Mise sur pied et gestion d'un service de garde en milieu scolaire
Sue Tarrant, Alison Jones, Diane Berger

Communications et relations entre l'école et la famille
Georgette Goupil

Devoirs sans larmes
Lee Canter
- GUIDE À L'INTENTION DES PARENTS POUR MOTIVER LES ENFANTS À FAIRE LEURS DEVOIRS ET À RÉUSSIR À L'ÉCOLE
- GUIDE POUR LES ENSEIGNANTES ET LES ENSEIGNANTS DE LA 1re À LA 3e ANNÉE
- GUIDE POUR LES ENSEIGNANTES ET LES ENSEIGNANTS DE LA 4e À LA 6e ANNÉE

Enseigner à l'école qualité
William Glasser

Le leadership en éducation
Plusieurs regards, une même passion
Lyse Langlois, Claire Lapointe

Nouveaux paradigmes pour la création d'écoles qualité
Brad Greene

Pour le meilleur... jamais le pire
Prendre en main son devenir
Francine Bélair

S   SCIENCES ET MATHÉMATIQUES

Calcul en tête
Stratégies de calcul mental pour les élèves de 8 à 12 ans
Jack A. Hope, Barbara J. Reys, Robert J. Reys

Cinq stratégies gagnantes pour l'enseignement des sciences et de la technologie
Laurier Busque

De l'énergie, j'en mange !
Alimentation à l'adolescence : information et activités
Carole Lamirande

Question d'expérience
Activités de résolution de problèmes en sciences et en technologie
David Rowlands

Sciences en ville
J. Bérubé, D. Gaudreau

Supersciences
Susan V. Bosak
- À LA DÉCOUVERTE DES SCIENCES
- L'ENVIRONNEMENT
- LE RÈGNE ANIMAL
- LES APPLICATIONS DE LA SCIENCE
- LES ASTRES
- LES PLANTES
- LES ROCHES
- LE TEMPS
- L'ÊTRE HUMAIN
- MATIÈRE ET ÉNERGIE

T   Technologies de l'information et des communications

La classe branchée
Enseigner à l'ère des technologies
Judith H. Sandholtz et coll.

La classe multimédia
A. Heide, D. Henderson

L'ordinateur branché à l'école
Du préscolaire au 2e cycle
Marie-France Laberge, Louise Dore, Nathalie Michaud

L'ordinateur branché à l'école
Scénarios d'apprentissage
Marie-France Laberge

Regard critique et pédagogique sur les technologies de l'information et de la communication
Claire IsaBelle

7001, boul. Saint-Laurent, Montréal (Québec) Canada H2S 3E3
Tél. : (514) 273-1066 ■ Téléc. : (514) 276-0324 ou 1 800 814-0324
Service à la clientèle : (514) 273-8055 ou 1 800 565-5531
info@cheneliere-education.ca ■ www.cheneliere-education.ca

Pour plus de renseignements
ou pour commander,
communiquez avec notre service
à la clientèle au (514) 273-8055.

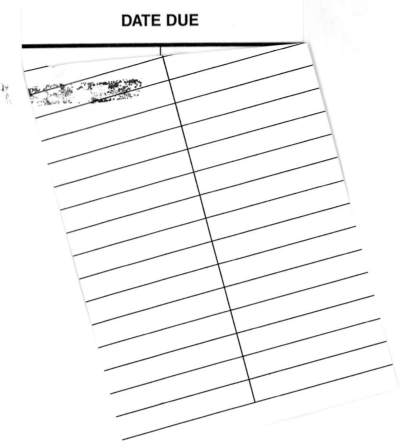

DATE DUE